新时代·教育新方法

西蒙学习法

6个月内快速掌握新知识

廖敏 著

清华大学出版社
北京

内 容 简 介

本书以极具特色的西蒙学习法为核心，结合认知科学、心理学、脑科学以及作者的教学经验，讲述如何设立学习目标、如何实现学习目标。使各个层次的学生，无论是差生、中等生还是尖子生，都能够通过本书找到学习的信心，改变学习认知和提高自主学习能力。全书共 8 章 66 节，囊括学习动机、设立学习目标、分解学习目标、可能会遇到的学习问题、学习策略、大脑的认知特点、根据反馈调节学习等内容。

本书特别适合初中生、高中生学习使用，是中学生深度学习、高效学习、提高成绩的绝佳帮手。大学生也能通过阅读本书，学会更有效地自主学习。家长、教师也可以从中学习到一些原理、方法和策略，从而有效帮助孩子学会学习。

本书封面贴有清华大学出版社防伪标签，无标签者不得销售。

版权所有，侵权必究。举报：010-62782989，beiqinquan@tup.tsinghua.edu.cn。

图书在版编目（CIP）数据

西蒙学习法：6个月内快速掌握新知识 / 廖敏著.
北京：清华大学出版社，2024.8. —（新时代·教育新方法）. — ISBN 978-7-302-67039-1

Ⅰ.G791

中国国家版本馆 CIP 数据核字第 20241BC098 号

责任编辑：	刘　洋
封面设计：	徐　强
版式设计：	张　姿
责任校对：	王荣静
责任印制：	刘　菲

出版发行：清华大学出版社
网　　址：https://www.tup.com.cn，https://www.wqxuetang.com
地　　址：北京清华大学学研大厦A座　　邮　编：100084
社 总 机：010-83470000　　邮　购：010-62786544
投稿与读者服务：010-62776969，c-service@tup.tsinghua.edu.cn
质 量 反 馈：010-62772015，zhiliang@tup.tsinghua.edu.cn

印 装 者：大厂回族自治县彩虹印刷有限公司
经　　销：全国新华书店
开　　本：148mm×210mm　　印　张：8.25　　字　数：228 千字
版　　次：2024 年 9 月第 1 版　　印　次：2024 年 9 月第 1 次印刷
定　　价：69.00 元

产品编号：105441-01

我曾是一名课外辅导老师，有着 8 年的教育教学经历，一对一教学 3000 多小时，后来又在网络上制作化学课程，播放量超过千万，遇到很多不同类型的学生，有学霸，有学渣。这个过程，我一直在思考三个问题。

第一，为什么很多人不愿意学习、不喜欢学习？

从我自己的角度来看，我曾经是喜欢学习的，在初中的时候，每个科目我都很喜欢。但是后面因为学习的压力逐渐增大，特别到了高中，学习的氛围越来越紧张，在这样高压的氛围下，我并不是很喜欢学习。虽然我考上了"双一流"重点大学，但我依然没那么喜欢学习。

但是上了大学之后，我又发现我非常喜欢学习了，我对于任何的新知识都特别感兴趣。原因是什么呢？

我的一位学生，他谈到他喜欢的科目和不喜欢的科目的时候是这么说的，喜欢不喜欢跟最开始启蒙的时候接触这个科目有密切关系。他认为启蒙的时候不喜欢，后面就很难喜欢；如果启蒙的时候就很喜欢的话，后来可能就会很喜欢。

比如他小学的时候就很讨厌英语，到了高中他仍然讨厌英语，他从初中开始接触化学，喜欢上了化学，到了现在他依然喜欢化学，甚至想要把化学当成终身的追求。可以看出来，初次接触知识的感受，会对人有很大的影响。

那么如果初次不喜欢，以后怎么改变呢？这是一个值得探讨的问题。

第二，为什么有的人非常努力却不能够提高成绩？

这样的学生，我遇到太多了。

其中有一位学生，临近中考，专门从学校请假来补课，每天给自己安排12个小时的课程。很少有学生这么夸张，结果搞得自己非常累，成绩却一直原地踏步，离她想去的高中还很远。眼看着中考就要来了，终于在一次上课的时候她崩溃大哭。

还有一位学生，他成绩不好，认为是自己不够努力的原因。所以他把所有休息的时间都剥夺了，让自己投入努力当中，结果成绩不进反退。他后面认真思考，重新给自己安排了一下学习计划，才发现，有的时候可以做到让自己学习进步而不用那么努力。

第三，学渣跟学霸到底有什么区别？有没有不可逾越的鸿沟？

我的教学经历告诉我，学渣和学霸之间有鸿沟，但是并非不可逾越。有的人能从几分提高到五六十分，有的人能从刚及格提升到90多分，他们的改变带给我很大的信心。同时我也看到了一些从学渣到学霸的神奇方法，真的很有用。

这8年的教育教学经历，让我有很多话想说。在写这本书之前，畅销书作者写书哥给我提了一个人，这个人就是赫伯特·亚历山大·西蒙（Herbert Alexander Simon）。不了解不知道，一了解才发现这西蒙是个"奇才"。

他所取得的成绩是顶尖中的顶尖，他横跨的领域是一般人不可想象的。他曾获得过经济学最高奖项"诺贝尔经济学奖"；获得过计算机学领域最高奖"图灵奖"，被称为"人工智能之父"；还获得过心理学领域顶尖奖"美国心理学会杰出贡献奖"。不仅如此，他在政治学、运

前　言

筹学等领域也有非常高的造诣。

我根据西蒙的人生经历，以及他对人类行为与认知的研究，总结出了这本书的核心：西蒙学习法。这种方法不仅解答了我上面三个疑问，而且给予读者更多的启发。

西蒙学习法可以用一个图示来表示：

（1）设定一个学习目标。

（2）根据有限理性原理和满意原理，选择满意的学习路径（分解目标和选择策略）。

（3）考虑可能存在的障碍。

（4）在学习的过程中不断评估现状与目标之间的差异，调整学习路径，直到达到目标。

这本书将以西蒙学习法为核心，同时，结合新的研究以及我的教育教学经历，深入探讨我们该如何学习的问题，相信读完这本书能够在很大程度上帮助大家解决学习中遇到的问题。

廖　敏

目录 CONTENTS

第1章 动机：让内心充满力量 /1

1.1 绝非天赋：学不好是因为笨吗   2
1.2 P2法则：激情与使命感是成功的秘诀   5
1.3 学习潜力：兴趣是最好的老师   9
1.4 内部强化：知识本身就是奖励   12
1.5 自我决定：我做什么，我决定   16
1.6 反差颠覆：走的就是逆袭之路   19
1.7 心理账户：学到就是赚到   22
1.8 中度干扰：遇弱则弱，遇强则强   25
1.9 誓言策略：坚定意志，减少选择疲劳   29
1.10 皮格马利翁效应：念念不忘，必有回响   32

第2章 目标：让学习不迷茫 /37

2.1 超越预期：原来快乐这么简单   38
2.2 目标价值：没有目标，则不重要   41
2.3 目标召唤：有了目标，会更自信   44
2.4 突破自我：让人激动万分的目标   47
2.5 幻想成真：找到实现幻想的具体目标   51
2.6 多米诺骨牌效应：原来成功就在脚下   55

2.7　二八定律：最重要的目标只有一个　　　　　59

2.8　适应环境：根据环境调整目标和路径　　　　63

2.9　攀登高峰：站在顶峰才能见识新世界　　　　67

第3章　大脑：认知的原理 / 71

3.1　信息加工：让知识在脑海中烙下印记　　　　72

3.2　元认知：从上帝视角观察我们的学习　　　　75

3.3　内隐学习：镶嵌在基因里的平等　　　　　　79

3.4　心理表征：创建高质量的知识表现形式　　　83

3.5　辨识网络：过目不忘的本领　　　　　　　　86

3.6　启发式搜索：问题的解决与新知识的形成　　90

3.7　注意力控制：是什么在吸引我们的注意　　　93

3.8　打破规则：给大脑松绑　　　　　　　　　　97

3.9　龟兔赛跑：先要有慢速度的积累　　　　　　100

第4章　知识：了解我们学习的对象 / 105

4.1　知识边界：先有边界，再突破边界　　　　　106

4.2　知识组件：该背的要背　　　　　　　　　　109

4.3　知识细节：要不要钻牛角尖　　　　　　　　113

4.4　幂律定律：关键知识起杠杆作用　　　　　　116

4.5　归纳演绎：大脑学习知识的逻辑　　　　　　120

4.6　自动化：知识的压缩与概念化　　　　　　　123

4.7　知识内化：相信是学会知识的前提　　　　　127

目录

第 5 章　障碍：对可能遇到的问题设计预案 / 131

- 5.1　消除成瘾：戒除成瘾和预防成瘾的方法　　132
- 5.2　意志起伏：把意志力用在对的事情上　　135
- 5.3　压力转化：如何把压力转化为动力　　140
- 5.4　问题界定：巧妙提问，让答案浮出水面　　143
- 5.5　发现问题：所有问题都能在某种程度上解决　　147
- 5.6　晕轮效应：透过现象看本质　　149
- 5.7　时间冗余：总有一半时间在计划之外　　153
- 5.8　重启网络：什么时候该休息了　　156

第 6 章　策略：选择满意的方法与路径 / 161

- 6.1　刻意练习：拥抱错误，敢于挑战　　162
- 6.2　秘密武器：找到一位好老师　　164
- 6.3　厚薄笔记：先把书读厚，再把书读薄　　168
- 6.4　外接存储：最有价值的记笔记方法　　171
- 6.5　朝闻道：打破时间的牢笼　　175
- 6.6　掌控时间：碎片时间，解决大问题　　178
- 6.7　知识爆炸：迁移思维的训练　　181
- 6.8　视觉 + 情绪：快速地存储和提取知识　　185

第 7 章　行动：缩小现状与目标的距离 / 191

- 7.1　72 小时原则：现在就开始行动　　192

7.2	福格模型：行动的三个条件	195
7.3	间隔效应：让遗忘帮助记忆	200
7.4	知行合一：如何突破固有的局限	204
7.5	观察时间：与时间做朋友	207
7.6	躺平思维：快乐的陷阱	211
7.7	黑屋子拳击：有时候成功只是因为行动	216

第 8 章 反馈：回顾、评价与调整 / 221

8.1	心流体验：从学习中获得幸福感	222
8.2	定期反馈：计划好时间回顾学习过程	226
8.3	评价标准：谁来制定标准，谁来评价	230
8.4	善待批评：从符合目标的批评中获益	234
8.5	学习模型：总结优秀的学习方式	238
8.6	支持系统：利用环境调整自己的行为	242
8.7	避免内耗：接受结果，勇往直前	247
8.8	360 度思维：敢于解放思维	250

第 1 章

动机：让内心充满力量

1.1 绝非天赋：学不好是因为笨吗

西蒙不认可天才的存在，任何表面上是天才的人，只不过是背后努力的结果。他认为，要成为某一个领域的专家，需要在大脑里存储该领域 5 万～10 万个组块的知识。

组块是一种记忆单位，有可能是一个单字，也可能是一个词语、一句话或一个知识点。而要完成这 5 万～10 万个组块的储存，一般需要 10 年以上时间的努力，如图 1-1 所示。

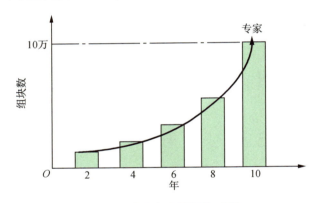

图1-1　成为专家需要的时间

当然这 10 年时间是个大概的值，不同领域会略有差异，但是差异不大。所以，不管你是普通人，还是所谓的"天才"，要想在某个领域成为专家，都需要 10 年左右时间的努力。

那么肯定有同学会怀疑，为什么会有少年"天才"的现象，其实并不存在"少年"天才，都是假象。

比如数学"天才"陶哲轩（获得过数学最高奖菲尔茨奖），12 岁就获得奥林匹克数学竞赛金奖，这似乎不符合上面的"10 年"标准。然而事实是，有媒体报道陶哲轩在两岁的时候父母就开始有意培养他的数学能力,到 12 岁刚好 10 年。

再比如化学"天才"曹原,14 岁考上中国科学技术大学少年班,2018 年在期刊《自然》上发表关于石墨烯超导体的研究,这一发现与研究甚至被称为"第五大发明"。

他的父母在他两岁时就关注到他对电子产品的喜爱,从那时起就开始重点培养他的科学能力,包括移居深圳获得更好的教育资源、帮助他建立自己的实验室、购买科学书籍、带他到科技馆进行科学教育等。如此看来,从两岁到 14 岁,也有至少 10 年的积累。

从上面的例子可以看出,所谓的天才,其实一定是经历了长时间努力的结果。只是有的人比较早开始努力,形成了所谓"天才少年"现象。

所以聪明与努力,哪个更重要?

毫无疑问,而且必须告诉大家,当然是努力更重要,包括"聪明、天才、天赋"这类词语都是固定型的思维,把人当作出生就不再变化的生命体,认为某个人天生就能够学习好,这是极为错误的思想,对每个人的学习都有极大危害性。

我们要意识到,我们每个人都会成长和变化,就像小树苗终有一天会变成大树,如图 1-2 所示。

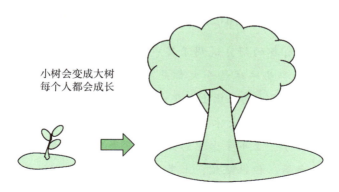

图1-2　小树苗也会成长

一个学习好的人，一旦真的认为自己有天赋、聪明或者是天才，那么他很快就不会再选择有挑战性的任务，而是选择能够展现出自己聪明的一面的任务，一旦不小心自己做错了，他就会认为自己没有天赋、不够聪明，他甚至会放弃这个学科。而学习不好的人，他认为自己天生就如此，没有天赋、不够聪明、不是天才，因此没有必要做任何的努力，自然学习也是一直不会好的。

> **小技巧**
>
> 大量的研究表明，所谓智商高的人，在初始的学习任务上面，表现得比别人更容易学习一些，但是随着时间的推移，智商在学习成绩上面的影响微乎其微。

但是社会因素却有很大的影响，当一个人被认为有一定的智商或者有一定天赋的时候，他可能会不断地获得环境优势，这种优势会随着时间而不断地放大，如图1-3所示。

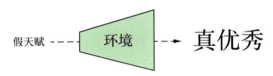

图1-3　环境会放大优势

有一个很有趣的研究说明了其中的荒谬性：有一个很奇怪的现象，加拿大的职业冰球选手大都是上半年出生的。为什么会这样呢？难道下半年出生的人比上半年出生的人的运动细胞要差吗？

原来能够参与加拿大冰球训练的孩子，要求是当年12月份达到某一年龄的孩子。上半年出生的孩子和下半年出生的孩子虽然都已经达到这个年龄，但很显然，上半年出生的孩子比下半年出生的孩子会更年长一些，他们的身体发育会更成熟一些。这些微弱的优势会在教练的评选当中被评为有天赋。

正是这种所谓的天赋，导致他们拥有更多的被指导和比赛机会。随之，优势积累越来越大，导致了上半年出生的人更有机会成为优秀选手并最终被选拔为职业冰球选手。其他领域也有类似的现象。

作者有一位学生，他上学比较早，比同班同学小1岁，他问作者这样的情况会不会影响到学习速度，没有别人学得快。

作者告诉他这种情况是可能的，因为别人大脑的发育比你更多1年，年龄越小，这种情况越明显。所以这个时候如果发现学习的速度比较慢，不要气馁，不要觉得是自己笨，这只是正常现象，只要继续努力，你的大脑很快就会跟上去的，随着年龄增长，越往后，人与人之间的大脑区别会越小。而且作者相信越早对大脑进行科学的训练，越有利于智力的发育。

所以，要记住，在学习上，努力比天赋更重要。

同样的道理，如果学习不好，是因为笨吗？当然不是，只要不是大脑出现疾病或者说障碍，你的脑子不比别人笨，学习成绩落后，仅仅可能包括但不仅限于如下原因：没有目标，没有好的学习策略，没有养成好的学习习惯，没有好的反馈，没有合适的老师，没有好的学习环境，以及年龄小等。而这本书的目的就是帮你解决上面的问题，帮助你跨越所谓的普通人与天才的鸿沟。

1.2　P2法则：激情与使命感是成功的秘诀

现在有两位老师，一位，知识渊博，优秀教师，但不热爱教学，喜欢管理工作，上课时按部就班，了无生气。另一位，刚刚入职，经验欠缺，但是朝气蓬勃，对教育充满激情，用心打磨每节课。让你选一位老师去听课，你会选哪一位？作者会毫不犹豫选择后者，如图1-4所示。

图1-4 更受欢迎的老师

充满激情的人，不仅把工作做得有趣，还会做得更好。作者遇到一位物理老师，他本来不是物理专业，是学的计算机，后来转行在网上教物理，他对教学工作充满激情，虚心努力学习教学方法，精心制作PPT，录制的课程不仅风趣幽默，而且清晰易懂，虽然他解题能力不是很强，经验也不是很足，但是他在教授知识上非常用心，他的粉丝涨得飞快，帮助到的同学不计其数。

西蒙在自传中说道："激情点燃了我的道路，一开始是在第二次世界大战后对博弈论、线性规划、数学在经济学中的应用以及运筹学的研究工作充满热忱；之后是对计算机科学的兴趣。针对后者的研究让我明白思维如何被注入一个物质的躯壳来完成工作。"可以看出激情对西蒙的重要性。

同样地，如果我们对所学的知识没有任何的激情，学习生涯就会非常枯燥、乏味，同时也会非常艰难、苦闷。在作者的教学生涯当中，作者发现学习成绩好的同学，他们同样会遇到很多的学习问题，会有很多不理解的知识，也有做题目会出错的情况，但是他们跟别人有一个很大的区别，就在于当他们解决了问题之后，是非常快乐的，学到新知识之后，他们会有一种顿悟感。反之，很多成绩不好的同学就在纠结"我为什么又错了"。

在有的人眼里，知识是生动的、有趣的、有力量的，而在有的人眼里，所有的知识都是在考验他，都是苦闷的、没有意义的。

作者曾经和一些同学分享过一位同学的学习经验《如何做到理

科全满分》。有同学看到这个标题的时候，他就表示，这是天生的，跟我无关，而另外一位同学则很兴奋，他很想要了解里面的细节。而后面这位同学恰恰是成绩非常好的。也许正是这样积极地寻求进步的心态，让他能够保持成绩的优秀。常见的学渣与学霸的思维如图1-5所示。

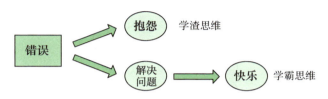

图1-5 常见的学渣与学霸的思维

对事物了解越深入，越容易产生激情。动物学家珍妮·古道尔说过这样一段话："唯有了解，才会关心，唯有关心，才会行动，唯有行动，生命才会有希望。"当我们吃鸡蛋、吃鸡肉时，并不会对鸡蛋和鸡产生感情，但是当我们经过日夜观察，鸡蛋经过21天的孵化，雏鸡破壳而出时，当这些小鸡因为印随效应跟着你到处玩耍时，当看着小鸡一天天长大逐渐羽翼丰满时，你一定会对鸡蛋、鸡以及生命产生感动之情。

这段话用在学习上是一样的道理。对学习体验越深入，越会有持续的激情。真正观察一次酸碱中和实验，真正通过显微镜观察一次细胞，真正观察一次让铁球与羽毛一起落地，才能真正体验到知识的奇妙。

如果只是觉得学习枯燥，却不去尝试，不去投入激情和勇气，那么学习肯定会一直枯燥下去。深入了解你学习的对象，这个科目有什么用，有什么价值，通过观察生活、阅读书籍、查阅网络、探索实验、询问家长和老师去深入了解，你会有更多有意思、有趣的认识，学习激情也会越来越高涨。

> **小技巧**
>
> 研究发现，当一个人对做一件事不仅有强烈的激情还有强烈的使命感时，他的能力和成就会大增！这个就叫 P2 法则［激情（passion）与使命感（purpose）］，如图 1-6 所示。
>
>
>
> 图1-6　P2法则

我们来回顾一下历史。

当年原子弹研发时，国家征召，多少年轻学子，义无反顾投身前线。理论知识缺乏，大家从头学起，从原子核、中子、质子开始，日夜攻读。当时条件极差，核心的学习材料《超音速流与冲击波》只有一本俄文版，他们边念边译，连夜刻印，再反复学习钻研。不管环境多糟糕、条件多艰苦，他们仍然保持极大的奋斗激情，终于在他们的努力下，原子弹得以顺利爆炸。

有意思的是，有研究发现，几乎每一个行业、每一种职业都会有人认为，他们有很高的激情和使命感。即使是医院的清洁工，也能产生激情与使命感，他们中的一些人非常乐意在工作中帮助病人及其家属。这些人的工作成绩要比没有激情和使命感的人好很多，这不仅仅因为他们工作时间长（只长了一点点），更重要的是因为他们对待工作更加专注、更加努力。

作者从小对战士雷锋、掏粪工人时传祥十分敬仰，他们就是在平凡的岗位做出不平凡成就的人。后来作者还知道了码头工人许振超、种树人杨善洲、水稻专家袁隆平，他们都是干一行爱一行，精益求精,不怕苦,不怕累,对自己做的事情充满激情和使命感,把一件一件普通的事,做出非凡的成就。

我们应该对我们的学习赋予积极的使命感,我们学到的每一个知识都有价值,不仅让我们自身成长,而且将来对于家庭发展、社会的进步都有推动作用。

1.3 学习潜力:兴趣是最好的老师

作者遇到一位初三的学生,数理化成绩并不好,但是她所具备的历史、政治、文学素养远超同龄人,甚至在某些方面的知识比老师还要丰富。她读了很多课外书籍,家里的书都被她看完了,又自学了欧洲各国的历史,她还从作者这里借走了四大名著、《法国史》《三体》全三册、《百年孤独》《复活》等,都一一看完。她的学习能力让作者感到很惊讶!她还喜欢画画,把各个国家拟人化,画成性格各异的人物,还根据这些国家的历史和政治把人物画成漫画故事,在一些平台上发表。是什么让她能在这些方面如此优秀呢?是智商吗?是基因吗?

> 💡 **小技巧**
>
> 有研究表明,潜力的本质是参与的意愿。中意做某事是把这件事做好的最重要的方法。兴趣能够使大脑进入兴奋状态,大脑各区域积极响应,联合起来达到巅峰状态,灵感也会被激发,就会很容易把事情做好,如图1-7所示。
>
>
>
> 图1-7 潜力的本质

让人感到惊讶的是,阿斯伯格综合征患者(一种孤独症,社交障碍,孤独少友)在谈论他们感兴趣的话题时,他们所谓的"症状"大片地消失，他们眉飞色舞，充满激情地描述他们的兴趣，所具有的专业知识水平远超过他们的年龄，用到的词汇也更加高级、复杂，科学家们观察到，这个时候他们的压力明显减小，注意力明显集中。

作者曾经问过同学们一个问题：你为什么喜欢某一个学科？答案各种各样，非常有意思。这里分享几个回答：

"喜欢生物，因为它让我明白了，即使我被全世界抛弃，也有上亿个细胞只为我而活，它们精巧非常、配合默契，只是想让我活着，好好地活着，即使我丧得一塌糊涂，它们仍然在，不会改变地，爱着我，'我是他们的神，它们因我而生'。总是赞叹于免疫系统的配合默契，惊艳于生命产生的偶然，而它们，这一切，都是因为我的存在，真的，学免疫那个单元的时候，我从来没有这么爱过自己，抱抱如此厉害的自己，那偶然的 10 的 46 次幂。"

"喜欢语文，因为文字让我与作者的灵魂对话，让我可以感受中华博大精深的文化，我可以用文字描绘出我所喜欢的所有东西，用文字去感受、去触动自己的灵魂，特别是在读古文的时候，真的就有那种跨越千年的时空感，那种震撼的美丽，让我爱上了语文。"

"第一次接触的时候就震惊了，没见过这么美好的东西，可以从化学中去窥探物质的奥秘、反应的原理。当时就是感觉，有一个新世界的画卷在我面前展开。（好像电视剧里男女主一见钟情的场景，哈哈哈哈）。希望这份热爱长存。"

"超级喜欢历史，它也是我成绩最好的一门学科，'兴趣是最好的老师'这句话是真的，我第一次学历史，老师原本是在初二教物理的，从应试考试的角度说他讲得确实不好，上课总是给我们讲一大堆历史故事，甚至让很多该画线的地方都没画线。但是，他真的培养了我对历史的好奇心和无限热情，我至今都记得他讲故事的口头禅：'这个 ×× 是何许人呢……'"

兴趣真是个奇妙的东西，可能在某一刻突然出现，让你怦然心动，可能引发兴趣的感受有很多，如图 1-8 所示。

但是，我们不得不直面一个问题，兴趣能够持续多久？后来作者又问了一个问题："你为什么不喜欢某一个学科？"

回答如下：

"因为英语老师至少一周考试一次（有时候两次）、默写两次、背诵文章两篇、听写三次、做英语听力四次，所以我不是很喜欢英语（但是英语老师人其实挺好的）。"

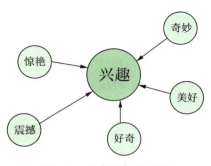

图1-8 引发兴趣的感受

"小学的时候，我三年级前数学都挺好的，然后到某一个点来了一个新老师，一个老头，特别古板，他要求我们只要做题不快，要么就是站到外面去，要么就是抄题目，或者在全班人的面前被他讲一顿。而我是一个做题比较慢的人，天天到他办公室去领板子，时间长了就会让人觉得很烦。什么都按照他的方法来，即使你的答案是对的，但只要不按照他的方法做也要被打。六年级直接弄出了叛逆心理，我就不听他的，我就不学数学。然后到现在初二数学一直不好，基本上能拖三四十分，就觉得很可惜，又觉得当时很任性。"

"一旦落下了知识，又一直没有去补，慢慢地就没有自信学了，找不到原来年级前五的节奏了……"

"小时候那个数学老师天天提我问题，一不会就罚站着，我天天只顾着紧张，走到哪儿都还在思考问题。还有英语，我就是抓不到重点，感觉好像什么都得记，但是又不知道到底记什么，有些科目真的是会有好好做也考不好的无力感。"

很有意思，不喜欢某个学科总结起来最重要的就两点：老师糟糕，成绩糟糕，如图1-9所示。

如果我们喜欢某一学科，但是这

图1-9 厌恶的原因

个学科的老师糟糕怎么办？或者我们这个学科的成绩总是不高怎么办？很多人会在这两种情况下败下阵来，最终放弃自己的热爱。

我们的兴趣产生，很多时候很偶然，这种偶然很可能并不能支撑你走很远，但是我们可以抓住这个偶然，不断地强化、培育，使它成为坚不可摧的长期兴趣。也就是说，兴趣是可以培养的，而且越培养，兴趣越坚固。培养的方式很简单，就是不断地给大脑输入与兴趣有关的信息。

比如喜欢语文，那么就去收集从古至今优秀的文章、小说、诗、词、歌、赋，甚至是歌词、广告词，去读、去背、去摘抄、去感受其中的魅力；找出你最喜欢的作者，深入了解他／她的人生经历，深入阅读他／她的作品，并写下你的赏析与评注；找到或组建兴趣小组，共享你们的学习心得；去观察生活，去观察自然，去观察人类，然后去写作，不管好坏；不断进行心理暗示，我喜欢语文，与糟糕的老师无关，与糟糕的成绩无关等。

只要意识到你想要培养某个方面的兴趣，你一定能找出很多培养的方式。慢慢地，你在这个领域的知识会越来越丰富，能力会越来越强，自我认同也会越来越高。

1.4 内部强化：知识本身就是奖励

记得作者读初三的时候，作者妈跟作者说，如果作者的成绩能够进步到年级前30名，就给作者买VCD机，一种放碟片进去就能够看电影、电视剧的机器，当时非常时髦，也很昂贵。要知道，作者从来没有考进过前30名，最好的情况只考进过前50名。然后在那一次的期末考试，作者竟然也不知道自己怎么就考到了前30名，也如愿得到了VCD机。也因为这一次的奖励，作者对学习的意愿就更加强烈。后来作者知道作者妈的这种做法叫作学习强化。

所谓的学习强化，指的是因为某些原因让你更愿意学习。如何强化呢？分为两种：一种是外部的，比如成绩提高，受到赞扬，受到奖励，这种来自外界的影响让你更喜欢学习。另一种是内部的，也就是做这件事本身就能够带给你快乐，从而让你越来越喜欢做这件事，如图1-10所示。

图1-10　强化的类型

在学校的学习过程中，老师常常用的就是外部强化来激发我们的学习，当我们做得好的时候，老师会给予高的成绩，或者鼓励与表扬；做得不好时会给予惩罚，从而督促我们往好的方向进步。

作者以前一直在思考一个问题，大多数的同学都是在成绩或者老师和家长的压力下，才去努力学习的，似乎很少有同学因为学习本身而喜欢学习的（也就是内部强化）。作者久久得不到一个简单明了的答案，同学们不喜欢学习的原因太多了，各种各样。后来有一天，作者突然意识到，作者思考的方向错了，不应该去思考"为什么不喜欢学习本身"，作者应该直接思考的问题是："为什么有的人喜欢学习本身？"因为，确实存在一部分同学，他们认为学习本身就很快乐。

循着这个问题，作者竟然从西蒙那里得到了答案，太简洁、太有意思、太神奇的一个答案：规律。

> 小技巧
>
> 我们每个人都喜欢发现有规律的东西。为什么呢？西蒙曾经做过这样的一个实验：他在被实验者面前毫无规律地呈现一些数字，他们每个人竟然都坚信里面隐藏着规律，并尝试去找出规律。西蒙认为，人们总是想要找出规律，是因为自然界和社会中的事物大多是有规律的，这样的行为模式是有益的。知识就是规律的总结，那么我们喜欢学习就是天性使然。

我们会发现,人类从小就喜欢说"为什么?"。所有人,只要正常的人都问过这一句话。为什么?因为我们总是希望看到表面现象的背后是什么原因导致的,可以说是好奇心,也可以说是对规律的渴望,如图1-11所示。

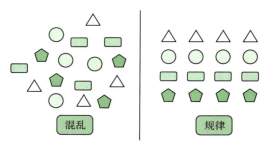

图1-11 人们总是渴望规律

但是,其中有一个问题要解决,既然人的天性是喜欢学习,为什么我们很多人仍然会讨厌学习?其实更多的是学习之外的原因,比如成绩压力、糟糕的老师、游戏干扰、枯燥重复的练习、害怕错误等。

还有一个原因,很多人没有意识到,那是因为我们觉得知识太复杂。

比如学到化学的分类,有那么多种类要去记,包括金属单质、非金属单质、酸、碱、盐、有机物、氧化物等,酸还可以再分为强酸、弱酸以及一元酸、二元酸、三元酸等,这些东西都要理解,还要背,很难受。然而事实是,如果没有这样的分类与归纳,世界上的物质种类何止千万种,复杂程度难以想象。经过分类,所有物质都可以归纳在这十几个种类之下,而且其性质也能通过这样的分类大致作出区别。也就是说,如果我们意识到了,我们学习到的知识,是对复杂事物的规律的总结,是把复杂变得异常简洁,就能理解知识的价值与神奇。

要达到热爱学习的状态,要分两步,如表1-1所示。

表1-1 两步爱上学习

第一步 消除偏见	第二步 提出问题
知识让世界变简单	知识的来源与用途

第一步要消除对知识的偏见，知识是帮助你理解这个复杂的世界，把复杂变得简单，而不是反过来。知识无论如何复杂，远远不如真实世界复杂。

第二步要多问，这个知识是怎么来的？有什么用？这个有什么用既包括怎么应用，也包括对理解世界有什么用。

比如有一个数学知识，有理数定义是 a/b，a 和 b 都是整数。看到这样的一个定义，你会觉得很无法理解。那么我们就要去问为什么是这么个定义？在寻找答案的过程中，我们会得到一些原因。原来早期我们关于数的认识是非常简单的，只有整数，后来我们又知道了负整数，还有小数和无限循环小数。那么，要把这些所有种类的数概括为一种，该怎么概括呢？就有数学家提出 $a/b=$ 有理数，其中 a 和 b 均为整数。我们就把所有这些种类的数简化了，我觉得这种简化非常精妙，很有意思。这种简化的理解，对学习就是一种强化。

我们会发现，所有问题背后其实都有某种程度的答案，为什么天是蓝的？为什么叶子是绿的？为什么很多花是鲜艳的？为什么空气中的氧气是恒定的？有理数的定义是什么？为什么用相对原子质量来表示原子的质量？有时候我们并不那么容易得到答案，可能要过很久才知道，但是我们不要因为困难而放弃这种提问。因为有时候这样的提问会帮助我们理解知识的奇妙，或仅仅是有趣，但是却能驱使我们不断地强化学习。

提问不能要求"必须得到终极答案"，甚至不能要求"必须得到答案"。因为常常得不到。这样的要求是不能激发学习兴趣的，反而会因为得不到答案而心生抱怨，对学习十分不利。

比如"人类的起源是什么？""宇宙的起源是什么？""人为什么

要学习？"这些问题可以问，可以去寻找某种程度的答案，而且你可能得到某种程度的答案，比如"人类的起源是进化""宇宙的起源是大爆炸""学习可以让我们强大"，但是不要认为马上就有谁可以告诉你明确的、最终的答案。

人类对规律的发现是如饥似渴的，是充满激情的，是与人的欲望、快乐紧密相连的。作者还记得在学习大学生物时，关于肌肉的知识在脑海中徐徐展开，那种由宏观到微观的层层递进的展示，让作者头皮发麻、震撼至极。原来我们既渴望理解规律，又渴望无穷无尽地探索，我们的基因里就有对精妙绝伦的世界的热爱。

1.5 自我决定：我做什么，我决定

想象这样的场景，你正准备打扫家里的卫生，这个时候你妈妈回来了，看到你，说道："就知道玩，家里这么乱，赶紧去打扫一下。"你的心情是怎样的？是不是瞬间不想打扫了？

换一个场景，你计划这周末写一篇作文，锻炼自己的文笔。可是周末来临的时候，语文老师也布置了一份作业："大家回家写一篇作文。"是不是突然对写作文没那么有积极性了？

> **小技巧**
>
> 美国的心理学家德西和瑞安提出了一种理论，叫自我决定理论。他们认为，个体有一种天性，想相信他们是凭自己的意志力来活动的，希望做一件事是因为他们想做而不是必须做，如图1-12所示。
>
>
>
> 图1-12 自我决定理论

当打扫卫生或者写作文是你自己的选择时，你会很乐意去做，也会做得很好，如果被人要求去做，则会感受到压力，既不快乐，也做不好。

那么，如何把自我决定理论应用到学习当中去？首先我们要知道，很多时候并不是说我们决定要去做什么就能做什么的，多数时候是老师安排的。那么怎么利用自我决定理论呢？从四个方面来考虑，如图1-13所示。

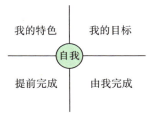

图1-13 利用自我决定理论

（1）把目前的学习镶嵌到未来的一个发展当中去。

我们有意识地设定自己远景的目标，思考远景目标与现在的关系，把现在的行为当作这个远景目标中的一小步。我们也就知道，表面上老师是在安排我们的学习和作业，实际上老师已经成为我们远景目标中的一环，为我们服务。

（2）在学习中，引入自己的思考、计划、创意，或与自己有关的特色行为。

比如，我们在做数学题时，可以思考与别人不同的解法；在背化学元素周期表时，可以自创谐音记忆；在学习知识时，多问几个"为什么"；给自己做一个学习计划，并尝试实践；考试时，穿一件漂亮的衣服，或者穿上"幸运鞋"、带上"幸运笔"等。

学习过程有很大的实践空间，这个空间是有自由的，虽然是老师安排，但并不都是老师的事。实际上学习永远是我们自己的事，当这个过程有我们大量的思考痕迹与创造痕迹时，就更加表明这件事由"我"决定，"我"会因此而更渴望学习。

（3）提前完成。

这一点，非常能体现自我意识。比如，作者老婆每次叫作者打扫卫生，作者都无精打采，没有乐趣。但是一旦作者提前把要打扫的、不要打扫的地方都打扫干净的时候,就非常舒服,看着房间按照作者的意志一点点变得干净、整洁,心情会非常好,作者老婆看到了还会夸作者一顿。

在学习上也是如此,比如提前预习,有的同学在假期会把开学要上的课程先自学一遍,有的可能喜欢某一科,会更深入地把这一科的习题都做了,那么这样做的结果是,感受到接下来的学习都是由"我"所引发的,而不是别人要求的。在学习上的身份认同,也会更强烈,比如"我擅长学习""我热爱学习""这个科目是我的强项"等,这对学习是十分有益的。

再有,即使是老师安排的学习内容,有可能的话,也可以尽快把它完成,这样的"快",也会有自我决定的感受。而越迟去做,会越有被逼迫、被决定的感受,越不想学。

(4)在完成学习之后,回看这个学习过程,要有意识地认为,这是由"我"经过努力完成的。

有一个心理学名词,叫冒名顶替综合征,认为自己获得的成功都是靠运气或者欺骗得来的,并且因此过分关注失败之处或恐惧失败,这种心理会对学习产生过大的压力与焦虑。

很多人都会有冒名顶替综合征,我们要正视这种情况,对自己的每次成功给予充分的肯定,因为每一次结果,必然都来自我们的努力,即使看上去有运气的成分,也是我们的能力导致我们能抓住这次幸运。

我们还可以利用自我决定理论来决定不做什么,比如可以决定自己不玩游戏、不看小说,减少外界对学习的干扰。

但要警惕的是,并不是说自我决定理论就是必须按"我"想的去做,而否定任何外界环境的调节。我们应该去做的是调整自己的行为、认知,与社会环境相适应,而这样做并不会也不应该让我觉得不自由,当我们与社会环境非常契合时,我们其实是更自由的。

西蒙在谈到自由意志的时候,这样说道:"我是这样构想自由意志的:自由意志存在于这样一个事实中,当我采取行动的时候,我就是那个行动的主体。某种东西引起了这个行为,但这一事实并不可能以任何方式让我(行动的那个我)不自由。"

1.6 反差颠覆:走的就是逆袭之路

作者的一个学生,初三下学期到作者这里学化学,作者接手他的时候,成绩只有个位数,连试管、烧杯都不认识。他问过作者一个很天真的问题:"月亮上有树吗?"让人啼笑皆非。可以感觉到,他的知识储备只在小学水平,而事实也是如此,除了英语好一点点,所有科目都一塌糊涂。除了他父母,其他所有人,他的老师,他的同学,他的亲戚,都认为他不可能考上高中,学校老师直接叫他不要读了。但是他有个优点,就是好强,别人越否定他,他越有拼劲。他决定要考上高中,给他们看看。

初三下学期,他过得非常艰辛,早起晚睡,所有时间都花在学习上,作者作为化学老师,也拼尽了全力,从来没有这么困难过,但是他肯努力,这是最重要的。最后的结果是,他化学从几分考到了及格,总分也刚好过了普高线,顺利上了高中。他父母得到消息之后,异常激动,要知道,他们家没有人上过高中,他是第一个。现在他已经在上大学,考取了篮球的教练资格证,并且在备考教师资格证了。

一个普通的学生,如果考上高中没什么让人震撼的,也没有多让人兴奋。但是一个知识储备只有小学水平的学生,经过一个学期的不懈努力,考上了高中,这就完全不一样了,如图1-14所示。

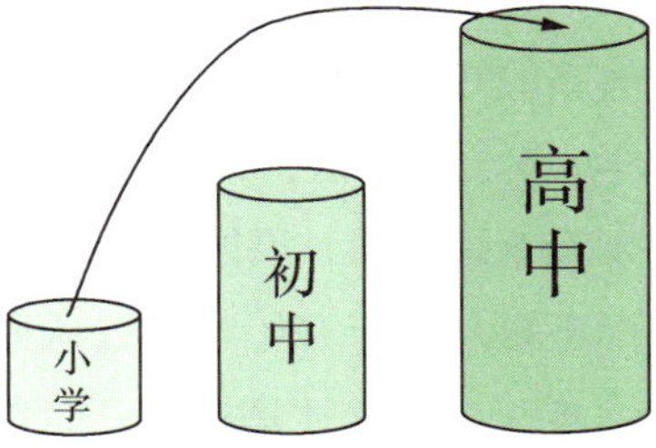

图1-14 逆袭

> **小技巧**
>
> 当一个人,由低谷跃迁到高峰,会让旁人感到震惊和惊艳。更重要的是,当我们对未来进行想象,然后分析现状,看到其中巨大的差异,但却发现自己能够达到想象中的未来时,会有强大的动力。

注意,两个方面,一是差异,二是可以达到。这两个方面放在一起,可以产生强大的动力。

假设你是倒数第一名,你想去考清华、北大,这个目标与现实差异很大,但是却产生不了动力,因为你很难找到达到这个目标的路径。

换一个目标,倒数第一名,通过努力考上大学,这个目标与现实有一定差异,而且可能找到成功的路径,动力就产生了。

有路径,有动力,不代表容易,其过程一定是困难的,因为差异就摆在那里。这里,我们重点关注差生,要怎么做才能完成逆袭?差生之所以差,不在于"笨",主要原因在于知识积累不够,只是看上去"笨"。像作者的那位学生,他看上去也很"笨",而实际上只不过是知识匮乏,他的知识储备只有小学水平,要想在一个学期完成逆袭,困难可想而知。

知道了原因,其实很好解决,就是从没有掌握好的基础知识开始学习,逐渐把知识漏洞补上,补上的知识又能作为你的理解工具来理解新的知识。有的同学说这样很困难,以前的知识落下太多了,没办法学。不会没办法,只不过是害怕而已,从头开始,确实困难,但最大的困难就是害怕,恐惧的是恐惧本身。有的同学想要从最难的开始逆袭,而不是从基础开始学习,认为这样会走捷径,其实不然,从基础开始逐步深入,这才是捷径。而且只要保持专注,主动去学,关注核心知识,减少过度练习,效率其实可以很高。这个过程中焦虑是没有用的,能带来变化的只有专注。

我们还要警惕邓宁 – 克鲁格效应,大卫·邓宁(David Dunning)和贾斯廷·克鲁格(Justin Kruger)做过一个很著名的实验,他们发现,能力越差的人,越容易高估自己的能力,也越容易产生过度的自信;能力较高的人,对自我的评估则会比较准确;能力顶尖的人反而会低估自己的能力。

这对我们差生有什么帮助呢?在刚开始努力的时候,我们可能并没有意识到自己的能力有多差,只是觉得自己成绩差一点而已,只要随便努力努力,以自己的聪明才智,绝对秒掉那些优等生。

这种情况实际是高估了自己,后果就是,你会很快发现自己一无是处,无论多么努力,都在原地踏步,甚至倒退,你的自信被现实碾压得稀碎,毫无自尊可言。这时,大多数人会选择放弃,认为逆袭是不可能的。有少部分人,认清自己的能力,依然选择坚持,这是正确的选择。虽然这个时候你是绝望的,但实际上是处于进步当中,只是你没发现。

坚持下去,你的能力和信心就会持续增长,直至成功逆袭。其过程如图 1-15 所示。

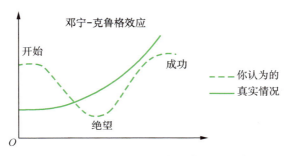

图1-15 邓宁–克鲁格效应在学习中的体现

总结下来,就是,开始逆袭之路的时候,不要把事情想得太简单,但也不要害怕,当感觉停滞不前的时候,要坚持住,你一直在默默进步。

作者在高三的时候就经历过这样的过程，那段时间，拼命刷题，熬夜复习，拿出了十二分的努力，走路吃饭都在背书和想题，然而每次模拟考试都是起起伏伏、很不稳定，很影响心态，常常濒临崩溃。

后来，作者老师告诉作者及同学，很多同学都会经历一个低谷时期，但只要坚持住，积累的知识一定会在最后爆发。从那时候起，作者就不再关注成绩，只关注不理解的知识和题，尽可能把它们搞懂。后来高考成绩出来，超常发挥，比高中三年任何一次成绩都要好。

1.7　心理账户：学到就是赚到

刚出生没多久的婴儿都要去打疫苗，有时候每隔半个月就要去打一次。作者的孩子去打疫苗，每次都哭得稀里哗啦，作者看着心疼得很，有点不满，为什么要打这么多疫苗，要是能少打一点就好了。作者老婆却对孩子说了一段很有哲理的话："宝宝，我们又给身体存钱啦，以后就不怕生病了，一点点小痛没关系。"让作者很有感触，在人生的道路上，不也是这样吗？很多艰难的、痛苦的经历其实都是在"存钱"呀，有了这样的心态，生活会快乐很多。

> 💡 **小技巧**
>
> 在学习上又何尝不是如此，我们可以在心理上建设一个心理账户，意识到，我们在学习时总是在给未来存钱，学到的知识越多，存到的钱就越多，学习过程中的辛苦，也因此很容易被存钱思维所抵消，想象我们是在辛苦给自己的大脑存钱呀，是多么有乐趣的事情。其实这也是一种成长思维，如图1-16所示。

图1-16 把学习当作存钱

上大学的时候,我们的生态学老师讲,大家要认真学习,学习的机会很难得。他为什么这么说呢?他认为,相比而言,国外学习成本是很高的,外国单说一本教科书就要几百元,而我们国家的教科书则只要几元、十几元,甚至不要钱。更重要的是,我们教科书的质量比一般的书籍要高很多,是很多科学家、专家、老师花费了很多心血编写出来的,用心学,可以学到很多本领。从这个角度看学习,真的很有启发性,我们的国家和社会尽可能为我们创造"存钱"的环境,那我们还等什么呢?

有过储蓄罐的同学,可能会有这样的经历,每天存1块钱,只要坚持,总有一天,储蓄罐会存得满满当当。学习知识也是这样,不是必须一下子就要学到很多东西,或者进步很多名次,而是每天学一点,总是在向前进,大脑里的知识总会越存越多。

但是有同学说,还是不快乐,因为总会有不理解的知识,总是有做错的题目。我们仍然可以运用心理账户来面对这种情况,我们只要想,把不理解的知识和做错的题目弄懂了,就是存大面额的钱,就会有动力了,如图1-17所示。

图1-17 解决问题时的思维

除了存钱，我们还要允许自己花钱。比如，有一天，上课迟到了，被老师批评了，焦虑吗？懊悔吗？肯定会有一点。但是，是人就偶尔会有差错，比如拉个肚子，比如堵个车，比如闹钟坏了等，不可能把所有问题都解决，总会有一些不确定的事情。我们可以接纳自己出现这样的"差错"，也接纳这个时候来自老师与家长的批评，只是对自己宽容一点，不用太过焦虑和懊悔。我们可以给自己做个预算：允许自己在这一学期迟到3次。有了这样的预算，只要遇到迟到的情况，就能更从容不迫，知道这是正常的情况。

不仅仅是迟到，还可以有其他的情况，比如，成绩退步、情绪低落、没有达到学习目标等，都可以有一个预算，给自己一点空间，接受失败或失误的空间，也允许自己试错，允许冒险。这都是花钱的过程。

有了花钱的过程，我们就有了一个完整的心理账户，如表1-2所示。

表1-2 心理账户

心理账户		
存入	支出	预算
知识	错误或失误	可能的错误和失误

有意思的是，把"花钱"的过程记录下来，还可能帮助我们减少

坏习惯的发生。

据传,清朝政治家、战略家曾国藩曾经脾气很不好,很容易动怒,搞得人际关系很不好。于是,他把自己每日生气的原因和时间记录下来,这样做后,脾气竟然有所改善。更进一步,他制定了一个规则,每天生一次气就在日记本上记录一个"正"字。随着时间推移,每天的"正"字越来越少,他的脾气也越来越好。

有了心理账户,你会发现每一天的学习都是有意义的,同时也经过预算,允许自己去花钱、去消费,把花钱的过程记录下来还能逐渐改善自己的行为,这样学习才不会过于紧张,学习会更有自由感,而且会越来越好。

1.8 中度干扰:遇弱则弱,遇强则强

生态学上有一个假说叫"中度干扰",是由美国的生态学家康奈尔教授提出的。他认为,一个生态环境受到中等程度的干扰时,生物多样性会最高,因为中度干扰有利于其他物种入侵和生长。频率低的干扰会让那些优势的物种持续占据生态环境,其他物种无法生存。高频率的干扰则只有那些生长速度快、侵占能力强的物种留下。

> 💡 **小技巧**
>
> 学习中的"中度干扰":中等程度的学习干扰,有利于提高我们的学习动力,帮助我们建立更丰富的知识体系。这样的干扰主要来自两个方面:一是接触新的知识;二是接触新的学习竞争者和学习榜样。

西蒙为什么能在多个领域里面大展拳脚?原因就在于,他愿意去接触新的知识,并尝试深入学习。比如,他原本学的是政治学,却不局限于政治学,他选修了统计学,当他刚接触到计算机的时

候，就对这样的设备非常着迷，对所有有关计算机器的信息，哪怕是只言片语，都特别上心。他还自学了冯·诺依曼（"计算机之父"）的新书《博弈论和经济学行为》，在后来还与冯·诺依曼建立了联系，与他的交流促进了西蒙在计算机领域的研究。

中度干扰对知识、方法、动力等方面的激发如图1-18所示。

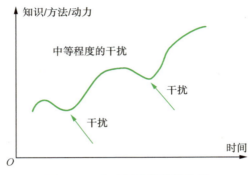

图1-18　中度干扰的激发作用

（1）新知识的干扰。我们作为学生，学知识是我们的基本任务。我们不仅要学习课内的知识，也应该去接触课外的新知识。当然，我们也可以从课内的教材出发，由旧的知识往新的、深的知识去发展。

但是我们特别要注意，不能频繁地、碎片化地去接触所谓的"新知识"，这等于是过分、频繁地干扰，并不利于我们的学习。比如作者遇到过一个学生，他说他很喜欢物理，到处去查阅一些关于物理的高级名词，涉及"黑洞""量子力学""时空扭曲"等，经常拿这些名词去向其他同学炫耀，甚至贬低其他同学对这些知识的不懂。然而，他自己对这些知识连一知半解都达不到，不过是去炫耀。

这些碎片知识并没有帮助他建立一个关于物理学的知识体系。这种干扰其实是过分频繁且肤浅的，对他物理的学习甚至是有害的，如图1-19所示。

图1-19　无关且肤浅的知识碎片

对新的知识不应该浅尝辄止，应该有一定程度的深入了解，获得一定的成绩。西蒙也是如此，他并不是说这个领域随便研究一下，马上跳到另外一个领域。他自己的说法是他对任何一门科学的研究是深入的、尽全力的，甚至是偏执的。我们也可以看到他在每一个领域都有极高的造诣。

（2）学习方法的干扰。每过一个阶段，可以检查自己的学习方法的效果，也可以去了解新的学习方法。比如本书就是一种学习方法的呈现。但是不需要时刻考虑新的学习方法，因为没有最好的学习方法，只有让人比较满意的学习方法，过分追求学习方法会分散学习的注意力。

那到底该什么时候去接触新的学习方法呢？同样地，要从中度干扰去考虑，也就是给自己设定一个阶段，比如一个月的时间，去学习一次学习方法，让这些新的学习方法对自己的学习进行一次"干扰"，让学习在这样中等频率的干扰下变得更有效率、更有深度。

（3）学习动力的干扰。管理学上有一个词叫"鲶鱼效应"：鲶鱼是一种较大体型的鱼类，并会以小鱼为食，在一个水池里面放入一只鲶鱼，在鲶鱼的搅动下，池子里面的小鱼会激烈地活动，增加水中的含氧量，提高小鱼生存的能力，如图1-20所示。

图1-20 鲶鱼效应

学习一段时间后,我们的激情可能会减弱,变得没有动力。这个时候,我们需要一点刺激,刺激的方法之一是找到一个竞争者,也就是"鲶鱼",这个鲶鱼最好看上去比你强,但实际上你觉得也就那样,给自己打个鸡血、喝个鸡汤,决心超过他,激情和动力就来了。

刺激的另一个方法就是找到榜样,人类是最具模仿力的生物,榜样能给人带来深不可测的力量。

一种榜样是未曾见过,但是名声斐然的人物,比如著名的科学家、文学家、政治家、模范人物,他们的事迹和思想常常能感染一代又一代人。我们可以通过阅读他们的著作、传记、影视剧作品,来了解和学习他们的品质,激励我们在学习上勇往直前。

另一种榜样可能很多同学还没遇到,但是一旦遇到了,就会意识到其力量的强大。这种榜样叫身边的榜样,你见过他们,甚至与他们共同生活过,近距离观察过他们的言行举止、处事方式。他们散发的魅力无可抵挡。他们仿佛是从书本、影视剧里走出来的人物,但是带来的震撼却远远大于任何书籍与影视剧。你被深深吸引,好似遇到人生导师,你的世界突然变大了,你总想模仿甚至超越他们。

南非国父曼德拉也被称为最伟大的南非人。他童年生活在一个小村落,直到他的父亲去世后,他才被接到摄政王的王宫居住,见到了摄政王。他是这样描述当时的心理状态:"一个新世界忽然展现在我的面前……在那个时刻,我看到生活可能会给我带来比当棍战冠军更好的前程。"当时的摄政王成为他的榜样,直到多年以后曼德拉成为南非总统,摄政王的品格力量依然深深地影响着他。

这种身边的榜样有时候可遇不可求,如果有,则应该珍惜,努力向他们学习;如果没有,则可以多去接触优秀的人,和他们成为朋友,去观察和学习他们优秀的地方,你也一定会越来越优秀。当然,要警惕消极的坏的榜样,有的人通过威慑、惩罚、逼迫让你觉得他很强大,这种人实际不优秀,只不过是利用你的恐惧,应该远离他们。

1.9 誓言策略:坚定意志,减少选择疲劳

作者遇到过一个人,他说他一辈子不与人和解,小时候吵过架的人,二十年都记得,从不往来,绝不和解。相反,只要是他亏欠过的人,他会用一辈子还,即使这个亏欠很小,他也不惜代价。他的说法是:"人的一生很长,激情却是有限的,与其和不舒服的人维持表面的关系,不如把情感投入让你舒服的人那里。"

如此讲"原则"的人,作者是第一次见,这不是给自己上了枷锁吗?很难以理解。但转念一想,如果一个人一辈子都按这样的方式活着,确实是一个奇人,甚至让人佩服。他把生活简化了,简化为两条简单的原则。对于他来说,少了很多麻烦;对于旁人来说,也会觉得他可预测、更可靠。

一般,我们以为自由就是有更多的选择。但是,有时候选择太多,却会让我们陷入选择困难的泥潭,因为我们总是想选择更好的甚至最好的,然而这是做不到的,也是不自由的。

高中课程改革之后,选择不再是简单的文科或者理科,有的地区是3+1+2模式,有的则是3+3模式,总之选择性一下子多了很多。这个时候难题就来了,我们应该按照什么标准去做选择呢?需要考虑喜好、师资、擅长、理想、专业、热门、就业、赋分以及家庭

等因素,需要极大量的时间去思考、查阅资料、征询意见,要做到最佳选择几乎不可能。每次到这个时候,学生、家长都非常焦虑。

> **小技巧**
>
> 人类大脑构想和解决复杂问题的能力,相较于问题的规模而言,是微不足道的。这个就是西蒙获得经济学诺贝尔奖的核心观点,称作"有限理性原则"。所以,虽然,我们总想拥有绝对理性,但是,要达到客观上的绝对理性是不可能的,人类总是受限于自身的知识水平和计算能力。

那么我们能做什么呢?设定一个满意的标准,而不是最优标准。然后,根据自己的经验和知识,找到能够达到满意标准的途径。当然,我们还可以通过家庭、学校、朋友、书籍、网络获得支持,扩大理性的能力,如图 1-21 所示。

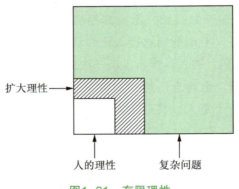

图 1-21　有限理性

当年作者选择文理科以及大学志愿填报,作者都设定了一个简单的标准,"我喜欢就可以",虽然这个过程也会有查阅资料、咨询建议的努力,但是并不焦虑,而是很充实、快乐。最后选择的结果也很不错。

很多人做了选择之后却总是后悔,比如后悔选了化学而没有选择感觉更容易的生物;后悔选了好的学校却没有选好的城市;后悔选了喜欢但是不够热门的专业等,不一而足。我们总是缺少一份坚持的勇气,还没做出一点成绩,就轻言放弃。

我们有时候需要一种策略,叫誓言策略,这种看似笨拙的策略很有意思,也很有效。"我每天要背 10 个英语单词",有多少人愿意把这句话当作誓言来实践?几乎没有,但是如果你一旦把这件事看作无比重要,没有任何事情可以干扰你,然后实践一年会有怎样的效果?

再比如,"每天要坚持预习""每天要 11 点前睡觉""坚持不玩游戏"等,每一个阶段,誓言践行两三件事,可能会给我们的学习和生活带来很大的改变。誓言策略的好处是什么呢?作者觉得是:不用后悔作出的选择。誓言就是一种信仰,相信自己的选择,并为之义无反顾地努力。也正是这样义无反顾的努力,让很多坚持出成果,如图 1-22 所示。而所谓的小聪明,遇到一点困难就退缩,不相信自己的努力,很容易一事无成。

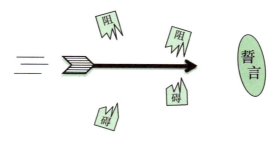

图1-22　誓言策略

誓言有一种内涵在里面,就是这件事极其重要,重要到以誓言的形式表现出来。以至于,你只要想到这件事,就自动地认为很重要,根本不需要去思考为什么重要,坚持去做就可以了。这样省下了大脑思考的资源,也可以自动屏蔽外界对这件事的干扰。

誓言策略应用到明确只要坚持就能做到的事情上效果更佳。什么意思呢?作者见到很多同学,给自己的 QQ 起名,叫"数学不考第一不改名""化学不拿满分不改名""总分不超过 600 不改名"等,你会发现，这些誓言并不容易被自己控制，不是单纯坚持就能做到。如果改一改，作者觉得更有效果，"每周坚持复习一遍数学""做错的题目一定要弄懂""每天一定要学到新知识"等，这些是明显能做到的，只不过需要坚持，这个时候就能用誓言策略来坚定执行。

总结一下，本节的内容也就两点，利用有限理性来做选择，然后用誓言策略来坚定执行。

1.10 皮格马利翁效应：念念不忘，必有回响

心理学家罗森塔尔和雅克布森做了一个实验，在一个小学做了一个"预测未来的发展"的测验，实际是智力测验，然后随机抽取了20%的学生，告诉他们和他们的老师，这20%的学生很有潜力。然后过了8个月，又做了一次智力测试，发现那随机抽取的20%的学生，真的比其他的学生智商明显提高，而且更有适应能力、更有魅力、求知欲更强。

> **小技巧**
>
> 这个实验说明，当学生被研究人员或老师认为有潜力，他们就真的变得有潜力。或者说，一个人的行为总是受期望所影响，只要相信期望的事情一定会顺利进行，那么就很可能会顺利进行，反之总是担心阻力的发生，很可能会受到阻力。这个就叫"皮格马利翁效应"，如图1-23所示。

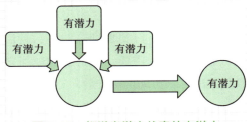

图1-23 都说有潜力就真的有潜力

为什么叫皮格马利翁呢?这里面还有一个希腊神话故事。

有个国王叫皮格马利翁,他也是个雕塑家,他雕刻了一个非常美丽的女子,皮格马利翁与这个雕像日夜相处,逐渐爱上了这个雕像,他感觉雕像就像真人一样,时刻都在期待这个雕像复活。

终于有一天他感动了爱神,爱神赋予了雕像生命,拥有了生命的雕像与皮格马利翁结为夫妻,过上了幸福的生活。这个故事寓意着,对美好事物不断向往,会让这个事物成真。正好与罗森塔尔的研究有异曲同工之妙,所以取名"皮格马利翁效应"。

在我们的生活中,我们常常会遇到一些家长,他们总是在外人面前批评自己的孩子笨蛋、愚蠢、不聪明。带来的后果是,可以观察到,这些小孩真的越来越不聪明、成绩越来越差。这也是皮格马利翁效应的反面体现,父母的期待常常是最重要的,甚至比老师还重要。父母觉得孩子行,孩子很大可能就行;父母觉得孩子不行,孩子很大可能就会不行,如图1-24所示。

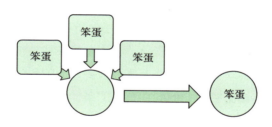

图1-24 都说是笨蛋就真的是笨蛋

我们自己作为学生,如何利用皮格马利翁效应?

我们应该相信自己一定能够做好学习这件事,因为我们并不笨,我们甚至可以在某种情况下认为自己是聪明的、有天赋的。

注意,这里不是在宣扬天赋论。人的大脑有两个认知系统:一个系统是情绪上、情感上的,另外一个系统是理智的。你可以在情感上认定自己是无比聪明的天才,当我们在遇到挫折的时候,这种情感上的自我认可是很重要的。但是,你又要在理智上认知到所有的成就都来自努力,而不是所谓的聪明与天才,如图1-25所示。

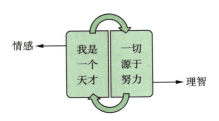

图1-25 两种认知系统

我考试成绩差了,没有关系,我知道我不笨,我一定能把差的东西补上。我考好了,我也知道这是靠努力得来的。情感上的自我认同非常重要,不会让自己处于焦虑和自卑的状态。然后理智的认知呢,让我们时时刻刻能够脚踏实地地努力。作者一直坚信一句话,"我的存在是所谓的生命的一个永恒的奇迹",而我们每一个人不都是如此吗?

不仅仅要相信自己,有时候我们还应该相信别人,因为信任会相互成就。如果你不信任老师,不信任你所在的学校,不信任你所接触到的学习资源,你会容易陷入"我所有的不成功都是因为环境不好"的陷阱。但事实如此吗?并不是,很多伟大的科学家都是从非常偏僻的农村、小镇出来的,他们在有限的条件下,尽可能发挥自己的能力,尽可能从周边吸取知识的精华,没有什么能够阻挡他们成功。不成功的原因有可能仅仅是相互的不信任。

作者有非常深刻的感触,作者作为老师,当有的学生非常信任作者的时候,作者能够给他作者能给出的最好的学习资源,他的学习成绩很容易提高,作者也感到很自豪、很有成就感。但是如果学生不信任作者,无论作者做怎样的努力,他都不会信任,他的成绩会很难进步,作者也感到很苦恼。

作者相信西蒙也是使用皮格马利翁效应的高手,虽然他可能不知道。

西蒙就读的大学叫芝加哥大学，这是一所很不错的大学，虽然不如哈佛大学那样好，但他认为："我从不相信得在哈佛大学、斯坦福或麻省理工学院读大学才能在学术道路上不输在起跑线上。……这样一来，我觉得赢得其所，因为不是靠优越的环境或者暗藏的'秘密武器'来取胜。"他坚信自己能够取胜，也许这就是他真正能够取胜的秘诀。念念不忘，必有回响，这就是皮格马利翁效应的核心。

第 2 章

目标：让学习不迷茫

2.1 超越预期：原来快乐这么简单

想象一个场景，你特别想要买一个东西，但是这个东西可能比较贵，你没那么多钱，或者舍不得花这个钱。突然这天，你爸妈买了一个礼物给你，而且刚好是你想买的东西，是不是很开心？

然后换一种情况，你爸妈没有买礼物，但是你缠着你爸妈买，于是你爸妈买了这个礼物给你。相比之下，哪种情况更让你开心呢？作者想大概率是前者。这是为什么呢？

作者有一次和朋友去爬一座无名山，之前从来没来过这地方，只是随心所欲，爬到哪里是哪里，一路荆棘，突然穿过一片小树林，豁然开朗。眼前出现若干巨型岩石，挺拔的龙舌兰，生机勃勃的苔藓，清澈的溪水形成小瀑布。站在岩石上，微风吹过，远方的青翠山峦尽收眼底，真是美极了，心旷神怡。

后来作者去一些5A级景区，按道理讲，景色远比那座无名小山要美，但是却并没有带给作者更多的快乐。这又是为什么呢？

> **小技巧**
>
> 科学研究发现，当获得的奖励大于预期的时候，大脑会分泌大量的多巴胺。多巴胺是让大脑产生快乐的一种物质，多巴胺分泌越多，就越快乐，如图2-1所示。
>
>
>
> 图2-1 产生快乐的公式

如果你的预期跟获得的奖励差不多，就不会产生更多的多巴胺，也就不会有更多的快乐。而如果奖励小于预期的话，则会抑制多巴胺。心理学上把这个情况叫作"奖赏预测误差"。

所以，我们就知道为什么超越预期的礼物以及超越预期的美景，比预期之内的礼物和预期之内的美景带来的快乐要更多。

那些富有的人说对钱没兴趣，很多人觉得不可思议，实际上是真的。首富年年都是首富有什么意思呢？超出预期才会有更大的快乐。

在学习上，如果奖励大于预期是不是也能产生更多的快乐？答案是肯定的。比如，你化学从来没考过 90 分，结果这次你不小心考了 90 分，你自己都不知道怎么考到了，所有人都很惊讶，这个时候你的心情是怎样的？

那如果你次次考 90 分左右，这次考试依然考 90 分，你会有很大的快乐吗？很明显，不会的。

我们该如何利用这种奖赏预测误差呢？方法有两种，如表 2–1 所示。

表2–1　利用奖赏预测误差

方法1	方法2
高目标，低预期	无预期，关注成长

方法 1. 高目标，低预期

比如我现在平均成绩是 50 分，我想经过努力，下次要考 90 分，但是这种预期呢，很明显是过高的预期，当你达不到的话，就不会分泌多巴胺，甚至有害。

那我可以设定 90 分的目标，去分析和计划如何努力才能够达到这个 90 分，然后按照计划去尽全力学习，但是我的心理预期设定为 60 分："只要我下次考试能达到 60 分，那么就对得起我这样的努力。"这种预期很有可能是可以达到的，甚至超越预期、快乐加倍！如图 2–2 所示。

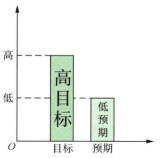

图2–2　高目标低预期

开始超越预期比较容易，因为开始的时候成绩很容易提高，到后期，你成绩提高了之后，要想再超越预期，就越来越难。

比如，当你达到 90 分的时候，你一定会设定比 90 分更高的一个预期，但是要比 90 分更高，那就非常难了，这个时候如何能够超越预期，获取更大的快乐呢？

方法 2. 无预期，关注成长

既然无预期，那么每一次的奖励都一定是超越预期的、一定都是快乐的。

但是我们很难做到无预期，因为人总是想往高处走，我们总想超越自己，获得更高的成绩。

其实只要做到一点，把我们的关注点换一个方向，不再是成绩上面，而是成长上面。

比如我关注的是，我今天比昨天是否多学了知识，我只要开卷即有益。像之前所说的心理账户，学到就是赚到。持这样的观点的话，学习会无限地快乐。而且学到的知识并不是我能够预期到的，都是我从来没有遇到过的新知识，那会像发现新大陆一样快乐。

一位同学谈到她对化学的喜爱时说道："那些化学知识让我仿佛进入了一个新的知识天地，我感叹化学的广阔，就仿佛一个居住在山里的人看见了无边的浩瀚汪洋，那奇妙的知识就好像汹涌的波涛在冲击着我的认知。"她感受到的快乐就是来自无限的新知识，而不是成绩的高低。

学习的过程需要付出脑力活动，所以会经历一个烦恼、痛苦的过程，这个过程没有想象的长。我们每学习一个知识点，所经历的烦恼其实可能就是几分钟到几十分钟，而这段时间过后，就能够收获新知识的乐趣。

但也正是因为这一点点的烦恼，让我们急迫地想要摆脱，也很容易让我们被外界的事物所干扰。所以为了防止这种干扰的出现，我们不得不屏蔽外界的一些诱惑。屏蔽诱惑的一个方法就是设定目标，让我们的精力集中在目标当中。那么接下来的章节会继续谈到目标的价值、如何设定目标以及如何实现目标。

2.2 目标价值：没有目标，则不重要

有一位同学向作者求助，他说暑假学习很认真，但是现在开学了，反而不想学习了，因为天天都在刷短视频，一刷就是一两个小时，根本停不住，该怎么办。

为什么刷短视频停不住，因为短视频的算法就是根据你的兴趣推荐精彩的视频，对于下一个视频，你无法预期内容是什么，但是它却给你喜欢的，你就得到无预期的惊喜刺激，分泌多巴胺，这个就是之前说的奖赏预测误差，如图2-3所示。

图2-3 刷短视频时的感受

正是这种快乐，让你一直刷个不停，但是这个对你学习知识没有任何帮助，所以只要你一关手机，就会觉得很空虚。

该怎么办呢？作者告诉他直接把短视频卸载了，不要再看了，因为你控制不住的，当你处在高度兴奋状态的时候，很难转移注意力，除非有危险或者惊讶的事情刺激才有可能转移注意力。

更可怕的是，你还觉得你能够控制短视频，因为一个视频就很短，几秒钟或者几分钟，以为看一看没什么损失。但实际上你是控制不住的，你一刷就会往下看，你就忍不住地让自己兴奋，根本没有意识到自己被短视频控制了。所以直接卸载是最好的控制方法。

但还是有问题，即使没有短视频的诱惑，肯定还会有其他的诱

感来导致你不学习。

> **小技巧**
>
> 物理和化学上有一个熵增原理：孤立系统中，体系总是自发地向混乱度增大的方向变化。

观察我们的生活，我们会发现，整理好的书架，整理好的床铺，终究会变得混乱。反过来，混乱的书架和床铺，不会自己变得有序。作者认为注意力是一样的，大脑的注意力是习惯于向混乱的方向发展的，并不习惯于集中在一个方向上。所以我们很容易被诱惑。

（1）我们需要一个目标，把我们的注意力收集起来。

当我们把注意力收集起来，持续关注一个方向时，我们才有可能建立有序的知识体系。

为什么要建立有序的知识体系呢？建立了知识体系，就等于建立了一个永久的固定资产，属于你自己的知识财富，可以带来持续的快乐，如图2-4所示。

图2-4　永久的固定资产

反过来，去做一些分散注意力的事情，比如刷短视频、玩游戏，带给你一时的快乐，却不能形成知识财富，什么都没有留下，一停下来就会非常空虚。

（2）有了目标，不会迷茫，学习更有意义。

作者做过一个调查，问同学们有没有设立过学习目标，令人惊讶的是，不少同学都没有，或者即使设定了目标也没有实现。他们不认为目标有什么价值，很多学习好的同学同样如此，那么这个会导致什么结果呢？我们来看一位同学的经历。

这位同学，考上了一个不错的211大学，但是他上了大学之后很迷茫。作者问他有制订目标吗？他说从来没有。他所在的高中还不错，他还在重点班，跟着老师学就是了，最后考了一个不错的大学。

但他仍然很迷茫。

那既然没有目标，也能考上好大学，我们为什么还要去定目标呢？我们想一想真的没有目标吗？

实际上是别人帮你定了目标。你之所以学习好，能考上好大学，实质上是学校老师帮你设定了目标和实行计划，你在好的教育环境和教育资源的支撑下实现目标，如图2-5所示。

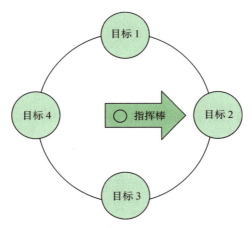

图2-5 别人帮你制订目标

如果没有好的学校，没有好的学习环境，没有好的老师的帮助，脱离了这样高约束的环境，会如何呢？有大量的诱惑在你面前呢？你就很可能会丧失自我、失去方向。

（3）有了目标，你会变得很重要。

我们可以回顾一下我们放寒暑假在家里的状态，如果我们没有任何目标，时间一久，每天吃了睡、睡了吃，然后就是打游戏、刷视频、聊天。很多同学都有这样的经历。

一段时间后，父母就会对我们感到不满，开始唠叨我们。他们可能开始给我们做安排，今天要做什么家务，明天要去哪里拜访亲戚，或者带你去打工体验生活。那么我们的时间就在父母的安排下消失了。

仔细想想，你没有目标，谁来帮你定目标？在家里就是父母帮你定目标。

如果你有一个有价值的目标，告诉父母这件事非常重要，而且你正在努力地往这个目标前进，你有一步一步的计划。那父母看到你的努力，一定不会烦你，因为你正在做重要的事情，还会支持你。

总之，当你没有目标的时候，你的时间就不重要。所有人都想占用你的时间，所有人都可以给你安排任务，你甚至没有理由去反对，最终会失去自我。

2.3　目标召唤：有了目标，会更自信

2.2 节提到了设定目标的价值，包括收拢注意力、不迷茫、让自己变得更重要。除此之外，其实还有一个价值，单独列出来，是因为这种价值要在实现目标之后才能感受到，那就是带来自信。

有一位同学在谈到她的学习目标时说："我制定了一张'21 天养成一个习惯'的表，每完成一天，我就打个钩，后来真的养成了一个静心学习的习惯。"她认为这是她最成功的学习经验之一。

另一位同学谈到完成暑假学习目标时说："新高一由于中考考菜了，暑假把理科必修一预习了一遍，题目也做得差不多；数学到选修了，收获挺大，现在充满自信，学习更有动力了！"

> **小技巧**
>
> 实现了目标就能有自信吗？并不是，真正的原因是，实现了"我自己"制订的目标，如图 2-6 所示。
>
>
>
> 图 2-6　自信的来源

这用到了第 1 章提到的自我决定论：人类有一种天性，想相信他们是凭自己的意志力来活动的，希望做一件事是因为他们想做而不是必须做。

例如，老师要求你：这个周末预习一章化学、做完两张化学卷子。如果你完成了老师定下的目标，你会感到很自信吗？可能不会。但是如果老师没有要求，你自己定下这样的目标，并且在周末完成了，你会感到自信吗？我相信你会的。

如果做到了这两点，自主制订目标和完成目标，就会感到自信与快乐，提高自我认同，并会给后续目标的制订带来良好的正反馈。

但是，我们会发现有很多同学对于制订目标很排斥，原因可能是，习得性无助。所谓习得性无助，就是发现无论经过怎么样的努力，都无法改变事情结果的时候，就会产生放弃努力的心理状态。

科学家们做过一个实验，把一只狗放在铁笼子里，然后电击这只狗，同时发出蜂鸣音，狗痛苦不堪。经过多次实验后，打开铁笼，再次发出蜂鸣音，没有电击，但是狗却没有逃走，而是躺倒痛苦地呻吟和颤抖。

后续还做过一个关于人类的实验，当人类无论怎样努力也无法改变噪音时，则会放弃努力，这种放弃，影响了他们的自信，以至于在后续的单词拼写测试中产生消极影响。

所以，当我们制订了很高的目标，却没有实现，这会产生一个负反馈。多次发生这种情况后，我们就会习得性无助，对自我的认同会降低，影响下一次目标的制订，如图 2-7 所示。

但是更有意思的是，作者在与同学们交流关于学习目标的心得的时候，遇到了两种截然相反的情况。

有位九年级同学，他的暑假学习目标与完成情况是"开学前说要把九上数学预习

图2-7 习得性无助

完，虽然事实上只完成一小半，但是把资料提前写了 20 多页，再说物理，学到欧姆，目前把资料提前写完第一单元，超开心！由于时间原因，化学只看了一点点，不过很满足了，希望在初三阶段继续保持这种状态。"

可以看出来，这位同学虽然没有实现目标，但是他依然很自信，他没有习得性无助。

而另外一位同学说他制订了目标，虽然很努力，但是从来没有实现过，因此非常沮丧，他认为自己出了什么问题，状态不对。他产生了习得性无助。

为什么会这样呢？原因就在于前一位同学利用了"奖赏预测误差"。

（1）制订高目标的学习任务，设定一个低预期。

比如你的化学想要考到 80 分，你可以先设定一个更高的目标：90 分。根据这个 90 分的目标来制订计划，然后具体实践，但是你的心理预期仍然是 80 分。那么最后的结果，虽然你的化学成绩可能达不到 90 分，但是你很可能超越 80 分的预期，这样就能打破习得性无助。

（2）直接制订低目标低预期。

容易的开始比不开始肯定要好，当每次的低目标都达到的时候，然后逐渐提高挑战，形成良性循环。

有时候，我们未必需要去达到那个目标，我们只是让目标来指引我们的行为。

西蒙在《人工科学》中谈到了一个很有意思的无最后目标的设计。匹兹堡市曾发起一场广泛的复兴计划：重建市中心建筑。最初是有目标的，但是建设的过程中总是产生很多的新想法和新目标，最终的结果跟开始的目标大相径庭，但是确实改变了城市面貌与居民的态度，如图 2-8 所示。

作者也有类似的经历，作者初期制作视频网课的时候，定了很高的播放量目标，尽了全力去把课程做好，然而事实却很糟糕，播放量总是低得可怜。作者开始不理解，因为作者觉得不可能有人像自己这么努力做好课程，几分钟的视频可能要花费作者一整天的时间。但随着时间的推移，作者发现粉丝量开始爆发性增长，原来的播放量目标没有达到，却给了作者意外的粉丝增长结果。

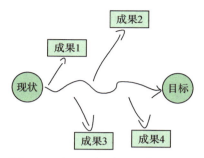

图2-8　实现目标的过程会有很多意外的收获

另外，正是作者尽全力做好视频的努力，让作者做视频的能力大大提高，虽然作者开始以为制作的视频已经不可能更好了，事实是，只要有这样的经验，过一段时间，会发现还能做得更好。

所以有时候虽然没有完成目标，但是在这个过程中很可能会有一些不同的收获，需要去总结，即使是经验教训，也是一种成果。不要因为没实现目标就认为是失败，在这个过程中一定是有成长的。

2.4　突破自我：让人激动万分的目标

作者看到很多同学打游戏入迷，一直不理解为什么，为了和同学们打成一片，终于也入了局。开始玩没觉得什么，偶尔玩玩，游戏中丰富多彩的人物和技能确实让人感兴趣，但是还不足以让人沉迷。

但是很快，作者有点控制不住自己，这个游戏让作者有点兴奋，再到后来不能自拔，甚至玩过一次通宵。作者被游戏吓到了！最后作者不得不把游戏卸载，才回归正常。

作者分析沉迷其中的原因，最重要的一点就是不断设定目标。比如今天一定要"上钻石"或"上王者""起码不掉星""拿一次三杀就不玩了"。正是这一次又一次的目标让作者兴奋，让作者百折不挠，让作者屡败屡战。

 小技巧

有研究显示,当你非常想要(注意是想要而不是喜欢)得到某个东西的时候,多巴胺就会大量分泌。这会让你兴奋,对你想要的东西更加专注,完全不在意枯燥的努力过程,如图2-9所示。

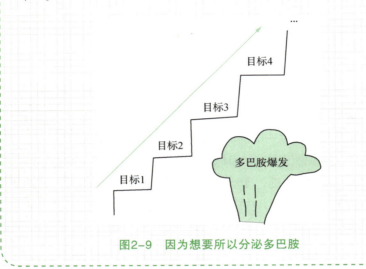

图2-9 因为想要所以分泌多巴胺

所以,如何让枯燥的学习变得像打游戏?

那就是找到让你激动万分、非常想要达到的目标!

那么思考一下,什么样的学习目标能够让你激动万分、非常想要达到?

(1)超越自己的最高点。

有人说,我这次化学考了60分,下次我要考80分!这个目标怎么样?好像还行,但是能不能更有挑战性一点?下次考90分,可不可以?有人说不可能的,我这辈子化学最高就考过80分,我不可能超过90分。

但是我要告诉你,这就是你只能维持80分的原因,因为你认为自己不行,你认为自己的极限就在80分。这个最高点是你用自己的经验给自己设计的。

你拼命地努力，终于达到了这个最高点，然后你觉得到了极限，够了。你觉得又可以休息一段时间了。等到成绩又低下去了，你又开始发愤图强，又达到了这个最高点，又开始休息。如此往复，永远无法突破自己的最高点。

能突破最高点的第一步，就是设定高于你最高点的目标。有了这样的目标，我们就要想尽办法达到这个目标！想一想为什么最高点维持在 80 分，可能你的方法，只能达到这个分数，那为什么不改变一下自己的学习方法？

向别人学习一下，向考到 90 分的人学习一下，问问他们的学习方法，或者向老师请教一下。作者相信，你总能找到突破自己极限的办法，因为人类就是在一直不断地突破自己的极限。如图 2-10 所示。

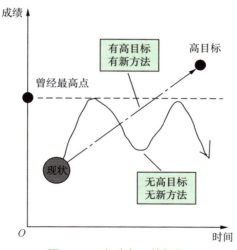

图2-10　突破自己的极限

问大家一个问题，你最多能连续做几个俯卧撑？有的同学可能会说他能做 50 个，这是他的体力极限，有的人说他经过努力，可以做 100 个，有的体育生，他觉得他能够做到 200 个。作者要告诉大家，吉尼斯纪录是 10507 个。

看到这个数字是不是很惊讶?是不是感觉不可能?但是有人做到了,说明他肯定采取了更有效的方法,突破了极限。

再问大家,一次性能记住多少个数字?有的人可以记住 11 位数的电话号码,有的人可能更多一点,可以达到 12 个、13 个,大多数人无法达到 50 个。但是作者要告诉大家,有人采取一些方法能记住 100 个数字,还有人在 5 分钟内记住 630 个数字。

他们都在不断地挑战自己,没有极限,只有突破极限。所以拥抱新的方法向别人学习,站在巨人的肩膀上,一定会带给你不一样的收获。

(2)找到让人激动万分的目标的方法就是,做未曾做过的事!

在写这本书之前,作者从来没写过书,但是作者想挑战一下自己,作者给自己设定了这样的目标:"一年内出版一本关于学习方法的书",这个目标让作者很兴奋、很激动。最终这本书的出版也将证明制订这样的目标是有效的!走未曾走过的路,见未曾见过的风景,如图 2-11 所示。

图2-11　走未曾走过的路

如果想要让自己的学习变得可持续、更有意义的话,可以尝试把学习目标再改变一下,不是达到 90 分,而是"我要尝试在一个月内自学完这本化学书,并且自我测试达到 60 分"。这样的目标很多人未曾做过的,对一般人真的是降维打击,而且这自学得到的 60 分远比前面所说的 90 分的意义更大。

"我要尝试在一个月内自学完这本化学书,并且自我测试达到 60 分"和"我的化学成绩要拿 90 分",这两个目标其实本质是不同的。

前者叫掌握型目标,后者叫成绩型目标。关注后者,容易对错误感到害怕和沮丧。关注前者,则有更积极的心态面对错误,从错误中学习,更敢于冒险,更敢于用开放、合作的心态进行学习。设置掌握型目标，不仅有上述的优势，还会让你在学习的过程中灵感迸发、充满激情。两种目标的特点如表 2-2 所示。

表2-2 两种目标的特点

目标	掌握型目标	成绩型目标
特点	积极、冒险、开发、合作	担心、害怕、沮丧

你可以把你的目标告诉别人，当然不是打击你的人，而是会为你的目标感到高兴的人。

因为有研究显示，把目标告诉别人，并且把自己在实现这个目标过程中的进度告诉别人，实现目标的可能性高达 76.7%。

所以，总结一下，请自己主动设置让人激动的目标，这样的目标最好是掌握型目标，可以把目标和进度告诉你的朋友或家人，前提是这些人会鼓励你。

2.5 幻想成真：找到实现幻想的具体目标

如果作者能穿越回以前，作者一定要对那个曾经认为能成为作家的自己说："好好练习怎么写议论文，去看心理学书，摘抄论据，练习使用论据。"

作者常常幻想自己经过努力，某个方面会很优秀。然而很多时候这些美好的想法仅仅停留在幻想中，有时也有努力，但是努力总是不在点子上，总感觉努力也没用，如图 2-12 所示。

图2-12 幻想与现实

就比如写作文，作者每次写作文都花费了超级多的时间来思考，但是写出来的东西自以为很不错，结果没有一次高分，还有一次被当作反面教材，实在尴尬。

还有，学校开运动会，有广播站会播放学生的投稿。作者拼命写，用尽了所能想到的绝妙词汇，投的稿件比别人多得多。结果，初高中作者参加了六次运动会，从来没有一篇投稿被选中。

现在，作者当老师，虽然是化学老师，有时候也会跟学生探讨写作文。他们给作者看他们写的作文。年少的回忆开始撞击作者，真的跟作者以前用尽全力写却依然很空洞的感觉一模一样。作者突然能理解自己为什么写不好作文了，因为作者的目标太虚幻！作者想写好作文，却没有真正想好要写好哪一种类型的作文，更没有在一个具体的方向上钻研。

写作有很多的方向，包括散文、记叙文、议论文、说明文、诗歌、应用文等。作者经常写的是议论文，那么作者就应该设置写议论文的目标。

"写好议论文"比"写好作文"更具体，更容易实现。还可以再具体一些，找出写议论文有哪几个要素，包括论据、论证、论点，那么可以根据这三点再设置三个目标："学会写论据""学会写论证""学会写论点"。

其中的论据包括事实论据和道理论据，那么可以设置更具体的目标："收集足够多的事实论据"和"收集足够多的道理论据"。

先关注一点"收集足够多的道理论据"，把它再具体化。道理论据还可以分三类：科学原理、名人哲理、古诗文名句。那么作者可以设定这样的目标："从诚信、责任、奋斗、坚持、友谊、自信、想象这几个最常见的主题出发，各收集十个科学原理论据。"

随后，作者发现心理学书籍上有大量的科学原理论据。这些论据不仅新颖、巧妙，而且依据扎实，都是科学家们用大量时间验证的结果。所以这节开篇作者就说，"好好练习怎么写议论文，去看心理学书，摘抄论据，练习使用论据"。

当这个目标有了一定成果之后，可以再继续训练另一个目标，扎扎实实地把一个一个目标实现，最后要写好议论文，一定不难，如图 2-13 所示。

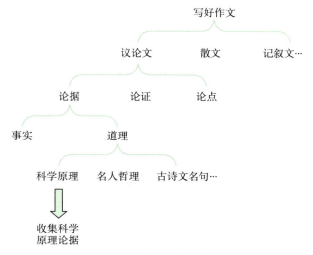

图2-13 把"写好作文"具体化

把目标具体化，可以清晰地看到努力的路径，比笼统的写作训练要好得多。

不过还是有同学会产生疑惑：我怎么知道议论文有三要素，我又怎么知道论据分为事实论据和道理论据，更不知道道理论据分为三类，而且议论文常见主题又是如何知道的呢？这样的问题值得探讨。

> 💡 **小技巧**
>
> 中学所要学习的知识和内容都是高度成熟的，是由无数的专家、学者、老师历经大量的时间整理、归纳而成。所以上面的问题，都能找到现成的答案，虽然需要花费一点时间与精力去寻找，但都是值得的。

作者在写这个章节之前，也不知道议论文该如何分类，只是通过网络搜索一下，就知道了大概。所以关键还是在于，意识到每一个幻想的目标都应该具体化，才能找到路径去实现，如图 2-14 所示。

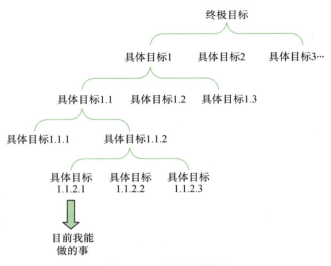

图2-14 把目标具体化

同样的方式,可以试试如何制订写散文的目标。

比如,散文的修辞手法包括联想、比喻、夸张、拟人、通感等,我们可以先制订练习其中某一个手法的目标。

如何学好化学?就要搞清楚,你想要提高化学的哪一部分,是"氧化还原""物质的量"还是"离子反应"?明确了一个方向后再细化,比如针对"离子反应",我要"学会离子方程式的配平",再根据这个目标去学习和训练。

把目标具体,并不是一直具体下去,只要能让我们看清楚接下来做什么能够接近目标就可以。也就是具体化目标的意义就在于,看到努力的路径。

具体的目标还应该包括具体的反馈方法。也就是如何衡量我们是否实现了目标。

比如诗人白居易为了把诗写好,就设定了一个衡量目标的方法,他要求写的诗能让街边的婆婆听懂,这样的方法帮助他写的诗既有内涵又脍炙人口、流芳百世。

西蒙的有限理性告诉我们，我们无法把目标实现到最优，但是我们可以实现到满意。

当我们设定"写好议论文"的目标时，没有明确"好"究竟是多好，这就会陷入最优的泥潭。我们可以把目标设定为"把议论文的分值提高五分"或者"成功投稿某杂志"（这个要求有点高，但是比最优要好），再或者发布在某平台"点赞率超过50%"。

目标"学会离子方程式的配平"，如果不把"学会"一词具体明确下来，结果就是，你永远无法把所有离子方程式都配平，因为复杂的离子方程式多如牛毛，有很多超出我们中学知识的限度。我们可以设定"学会离子方程式的配平，确保离子方程式配平专题测试正确率达到80%"，如图2-15所示。

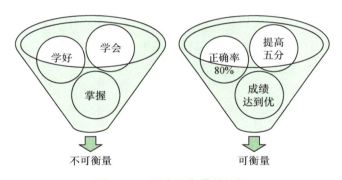

图2-15　设定可衡量的目标

幻想是美好的，我们相信自己能成为作家、能学好化学、能考到好成绩。我们同样还需要把这些幻想变成具体化的目标，找到实现的路径，并找到衡量的方法，最终让幻想成真。

2.6　多米诺骨牌效应：原来成功就在脚下

多米诺骨牌是一种游戏，一张一张牌竖着放置，每张牌之间有一点距离，当前一张牌倒下，则会推倒后一张牌，后一张牌倒下也会推倒再后一张牌，依次如此，只要第一张牌倒下，就会发生连锁反应，直到最后一张牌倒下。

有一位物理学家根据这个游戏做了一个实验，第一张牌只有小指甲盖大小，然后后面每一张牌都比前面一张牌的体积大1.5倍，一共排了13张牌。当他推倒第一张牌后，我们能想象到，第13张牌最后顺利倒下，但我们不知道的是，第13张牌释放的能量是第一张牌的2000倍！

如果这位科学家继续往后放置骨牌，到第32张牌，这张牌将有415米长，相当于一座纽约帝国大厦那么高，也就是说只要推倒第一张指甲盖大小的牌，然后产生连锁反应，最后将推倒一座纽约帝国大厦！其具有的能量巨大无比。如果再往后放置骨牌会怎样？能量会放大到难以想象，如图2-16所示。

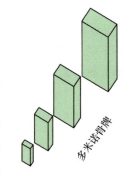

图2-16　多米诺骨牌

> 小技巧
>
> 在一个相互联系的系统中，一个很小的初始能量就可能产生一系列的连锁反应。

其中相互联系的系统很重要，在多米诺骨牌游戏中，就是把骨牌按照一定的顺序排列好。这就好像我们的学习目标，把学习目标拆解成一个个具体可以实践的子目标，那么每天实践一步所需要的能量不高，但是到最后释放出的能量却巨大，再高不可攀的目标在这巨大的能量面前也是很容易被实现的。

如何把学习目标拆解为子目标呢？在2.5节其实我们就已经谈到，把目标具体化的过程。主要方法就是，通过查询和咨询找出目标下的具体分类，先取其中一点，再分类，再取一点，依次类推，直到能看到前进的路径为止。

但是 2.5 节还有一个关键的内容没有谈到，就是时间。

西蒙认为，"对未来的兴趣，若不要求现时的行动，则这种兴趣是不合适的纯粹的好奇心，它应当安排在娱乐日而不是工作日"。学习上同样如此，如果学习目标无法与现在的学习联系到一起，那么它就仅仅是一种白日幻想。

要把学习目标跟现在的学习连接在一起，就是要把目标拆解成多个子目标，并且在时间上进行安排。安排到你今天要做什么，那么今天要做的事情可能就是指甲盖大小的一个多米诺骨牌，当你把它推倒，后续继续跟进，就会发现你所具有的能量将越来越大。

首先，我们要关注终极目标。

它应该在时间方向上的哪个位置？刚开始我们没有经验，可能过于自信，设置时间过短。

比如，我这次月考英语考了 50 分，我希望下个月考 90 分。我们分析，这次的成绩与下次成绩之间的差异是有点大的，要弥补这个差异，如果用一个月的时间，是否有过这样的经验，或者别人是否有过这样的经验？如果没有，那么这个设置可能就有点无法完成。

我们应该尝试把时间拉长，拉长到期末考，这个过程大概有 3 个月时间，实现的可能性剧增，既能找到同学的经验借鉴，也可以咨询老师。

其次，拆解这个终极目标。

子目标要包含时间：你大概用多少时间去记单词、多少时间去练作文、多少时间去练阅读？如图 2-17 所示。

另外，还需要去关注自身能力，哪块知识缺陷比较大，哪一块就可能需要更多的时间去弥补。

学习的日程不能安排得过于紧密。西蒙有非常深远的洞见："总日程排得越紧，紧急情况出现得越频繁，越可

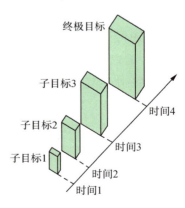

图2-17　目标与时间

能忽略中期决策和长期决策。"

比如,学校突然安排一场需要全员参与的卫生大扫除,我们就不得不关注眼前的紧急任务,就无法按时完成子目标。因此,我们需要腾出空余的时间作为机动日,来调节我们计划外事件所占用的日子。

当我们把远期的计划安排在每一天的日程当中的时候,那么接下来,我们只需要每天按照计划一步一步学习就可以了。安排得妥当的情况下,每日的学习并不会很重,但是每一天的学习效果都在叠加,增长速度非常快。

当然,刚开始你仍然察觉不到它的能量在增大,直到最后一张"多米诺骨牌"倒下,你才会真正意识到能量的大小。所以做好计划之后就坚持下去,不要过分在意当前的效果。

高三的王同学,他有效地利用了多米诺骨牌效应。他在高三初期,以为只要努力就可以提高成绩,但是发现效果很不明显。于是他迅速调整,设定目标,拆解目标,安排每一天的学习任务。之后,他只要按部就班完成每一天的学习任务就可以了,反而没有多少压力,在一定的时间后,他的学习成绩有非常明显的提高。

在子目标的实现上,我们经常会遇到一个问题,就是子目标究竟要达到什么样的程度,才能朝下一个子目标前进?

西蒙认为,子目标应该是一个半独立系统,在建立子目标之间的联系时,不需要掌握每个子目标内部的详情。

什么意思呢?

举一个西蒙的亲身体验作为例子,他在学习法语时,并没有把法语的每个单词都详细学懂,而是在一定程度上了解法语的特性之后,就开始比较顺畅地阅读法语文章,甚至能阅读比较晦涩的法语政治学书籍。

虽然他最后的法语得分只有 B,但是他掌握了学习语言的方法。然后,他用同样的方法学习了汉语、希腊语、拉丁语等 20 种语言。

学习单词是半独立的子目标,阅读文章是另一个半独立的子目标,他并不需要把前一个子目标完成到尽善尽美,再去完成下一个子目标。子目标的完成同样可以遵循"有限理性"原理，只要设置"满意"而非"最优"的标准，如图 2-18 所示。

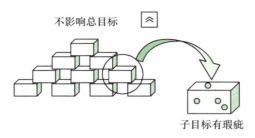

图2-18　子目标不需要尽善尽美

多米诺骨牌效应更可怕之处在于，如果时间尺度拉得足够长，常人无法企及的目标都可能被实现。

试想，假设你现在刚上高中，你设定这样的一个目标："7 年后，我将在顶级期刊发表一篇关于核物理的论文。"然后你拆解这个目标，并按部就班实现它。

等到 7 年后，你即将大学毕业，你真的发表了一篇核物理论文，那时的你，很可能被别人当作天才来看待。但你自己知道，不存在天才，只不过是努力而已。

2.7　二八定律：最重要的目标只有一个

有一个很有意思的定律叫二八定律，说的是很多情境中 80% 的效果来自 20% 的原因。什么意思呢？比如说一个公司 80% 的利润主要来自其中 20% 的顾客，一个国家 80% 的财富可能只掌握在 20% 的国民手中。

> 小技巧
>
> 同样地，一个人 80% 的成就可能只来自对 20% 的目标的努力。

现在想一想，生活中我们必须做好哪些事情？

必须做完老师布置的作业，必须回复好友的信息，必须为爱豆打 call，必须打完一场排位赛，必须刷短视频放松一下……随便一想，必须做好的事情真是太多了！

再想一想，这么多必须做的事情中，我们做好了哪一件？我们真正必须做的事情是删掉 80% 不重要的事情，留下真正重要的那 20% 的事情，如图 2-19 所示。

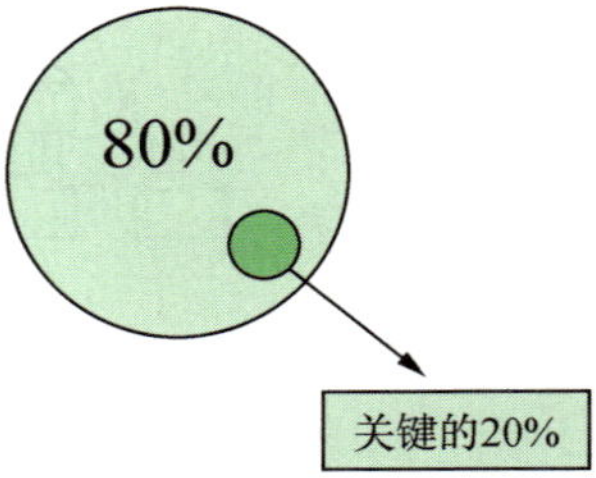

图2-19　关注关键的20%

作者还记得上高中那会儿，作者担任一个小组组长，每天的任务就是收作业，结果作者发现，不少学霸竟然经常不交作业，特别是他们擅长的科目。

其中一个学霸，每天忙忙碌碌的，上下学都是跑着的，不知道要赶去做什么。上课的时候也经常不听课，只顾自己看书。临近毕业的时候大家都在相互传同学录，很多同学也给他拿了同学录，他只是很礼貌地说了声谢谢，然而从来没有写。

最后这位同学以高考第一名的成绩考入中国科学技术大学。最近作者了解到他的信息是，他以第一作者的身份在国际顶级期刊发表了一篇关于宇宙暗物质的论文。该成果得到《人民日报》的报道。

上面的例子，可以看到学霸们不写作业、不听课、不写同学录，他们在干什么呢？他们在专注于自己的学习目标，把时间花费在最重要的学习目标上。

一听到不写作业、不听课，有的同学就兴奋了：那我是不是也可以不写作业、不听课？如果你有更重要的学习目标要完成，作者认为是完全可以的。

有不少同学晚上熬夜也写不完老师布置的作业，即使写完了也是敷衍，无法认真完成。如果是这种情况，为什么一定要写完作业呢？对你来说，写作业就是把时间浪费在那不重要的 80% 的事情上。

那该怎么做？该有自己的关键学习目标！

例如你的英语很好，老师所布置的英语作业对你帮助不大，那你可以选择不做英语作业。

再比如你的化学很不好，上课也没听懂，作业一点不会做，但是你很想学好化学。那么也可以不做老师布置的作业，重新开始从不懂的地方学起，把基础知识弄懂。再然后，通过给自己安排课后比较基础的习题，来加深理解，再逐步提升难度。

肯定有同学说，你太天真了，老师怎么可能会允许你不写作业？只要没写作业，第二天就会通报家长。那么我们为什么不主动跟老师和家长说呢？我们完全可以和他们商量，说出你的学习目标与计划，让他们允许你按自己的方式学习一段时间，并且在这个过程中还可以让他们协助你。比如让老师帮助你解答自学中想不明白的问题。

当学习的主动权掌握在老师手上时，我们往往会感觉不如意，因为老师很难做到对每一个人因材施教，如图 2-20 所示。

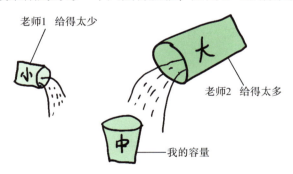

图2-20　当主动权掌握在老师手里

反过来，当你把学习的主动权掌握在自己手中的时候，你才是真正的学习的主人，才能真正感受学习的快乐。这个过程不要害怕失败，要敢于冒险，敢于主动学习，你所获得的一定要比以前多。

当然，如果老师上课的节奏与习题很适合你，那跟着学就好。

有时候我们一次性设定了很多学习目标，还做了计划，但是大多时候都不了了之。为什么呢？

人的大脑有两个很重要的记忆功能：一个叫短时记忆，一个叫长时记忆。短时记忆是对信息进行加工、编码的记忆，也可以说短时记忆是负责思考的。

西蒙从大量实验中总结出一个很重要的结论：人的短时记忆是系列加工，而不是平行加工。所谓系列加工，就是人只能一件一件思考事情，而不能同时思考两件及以上的事情。

因此，当我们专注一个目标时，有利于我们的深度思考。

有段时间作者设定了很多个目标，包括提高英语成绩、学好高等数学、深入学习结构化学、运动、写一本书、做一系列科普视频。

但是作者发现目标太多，精力有限，于是根据重要程度，把目标锐减到三个：提高英语成绩、深入学习结构化学、写一本书。作者下载了英语单词App，背了几天；买了结构化学的书，看了几天；又买来教怎么写书的书，读了十几页。在这同时，还要处理生活和工作中的事情。

很快，三个目标，没有一个能够进行下去，作者不得不再次思考作者的目标。

作者在想，是不是应该把目标减为两个？偶然间作者看到一本书《最重要的事情只有一件》，里面写了一个俄罗斯谚语："若同时追两只兔子，你一只也抓不到。"

作者豁然开朗！作者为什么不充分利用作者的短时记忆？作者意识到当目标只有一个时，才能毫无保留地把时间投入这件事情上。

这个道理威力无穷。于是作者把所有能挤出的时间都用在了一件事情上：用一年的时间写一本关于学习方法的书。也就是作者正在写的这本书。写书的过程中，作者感觉每一天都是快乐的。

但是偶尔也遇到一些问题，比如有时候写书之前，看一下朋友圈，浏览一下公众号，刷一刷短视频，希望在这些不需要耗费脑力的事情中，整理一下心情，然后再开始写书。

但是很快就被打脸了，因为一旦开始所谓的"整理心情"，就会把作者的灵感全都整没了，需要很久的时间才能重新进入深度写作的状态，没有例外！如图 2-21 所示。

图2-21 被短视频驱散的灵感

原来作者高估了自己屏蔽信息的能力，人体就是对外界信息产生反应的"机器"。你以为能够完全凭借意志来阻断外界的干扰，但是没有经过刻意长时间的练习则很难做到。

有时候你觉得是屏蔽了干扰，其实影响一直都在。特别是需要进入深度思考的时候，本身进入状态就要花费时间，一旦注意力被其他事情消耗，要想再把注意力转移回来就很困难了。明白上述道理之后，作者的写书过程顺利太多了！

2.8 适应环境：根据环境调整目标和路径

西蒙在《人工科学》中提到一只蚂蚁。这一只蚂蚁，在风浪侵蚀的海滩上爬行，时而遇到土丘，时而遇到卵石，时而与遇见的同伴交流。把这只蚂蚁的足迹画下来，是一条曲折的带角的不规则曲线，但是曲线不是随机的，它有着目的地。

众所周知，从出发点到目的地，线段最短。那么这只蚂蚁为什么不走直的线段呢？这里蕴含一个假说：一只蚂蚁，若视作行为系统，是很简单的。它的行为随时间而表现出的复杂性主要是它所处环境的复杂性的反应，如图 2-22 所示。

图 2-22　蚂蚁行为的复杂只是对环境的反应

> **小技巧**
>
> 西蒙认为，人也一样。人类，若视作行为系统，是很简单的。他的行为随时间而表现出的复杂性主要是他所处环境的复杂性的反映。

这段话在实现学习目标的过程中对我们有什么启发呢？

如果我们能进入任何一个学霸的大脑，观察他们实现学习目标的途径，都必然会发现这个途径是曲折的，而不是直线的。而这曲折，是由他所处的过去、现在以及未来的环境所决定的。

所以，我们应该做的是，适应环境，调整路径，实现目标。如有必要，应该根据环境情况调整目标或子目标。

举个例子，有位同学的目标是考上中国人民大学，但是因为他所在的高中并不是很好，学习氛围不行，教师资源也不行，他郁郁寡欢，自我放弃，把问题都归咎于学校糟糕，还经常抱怨自己所在的地区竞争太激烈。有的情况确实是客观存在的，但是这并不是放弃的理由。该如何改变呢？

（1）改变不了大环境，就改变局部环境。

把热爱学习的同学聚集在一起，相互激励，相互帮助。教师资源再不行，也可以充分利用。多找老师交流，让老师知道你是好学的学生，老师也会愿意帮你，从而为自己营造出学习的"绿洲"，如图2-23所示。

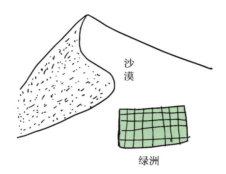

图2-23　沙漠中也能有绿洲

有位同学，在学习氛围极其糟糕的私立高中，大多数同学都只是超过普高线一两分，没有人认真学习。但是这位同学反其道而行，每天追着老师问问题，老师对她印象也特别好，很乐意为她"开小灶"，当有人干扰她学习时，老师也会特意维护她。

有一位某县城高中的同学，那里的教育资源远不如市里，但是他很喜欢化学。初中刚毕业的他，通过网络接触到化学竞赛的内容。于是他在各种学习论坛查找学习资源，积极加入学习群，经常向学长请教问题，还购买了很多书籍自学。

开学后，他的化学成绩始终名列第一，后来在化学老师的帮助下，走上了化学竞赛之路。

美国政治家、美国国父之一本杰明·富兰克林，在他21岁的时候，醉心于各类科学知识，但是没有很好的环境。于是他大胆作出决定，在当地招募了11位对学术最感兴趣的人，组建了一个"小团体"。

这个小团体每周进行一次聚会，并且要求每一个会员提出一个有趣的探讨主题，然后"本着探求真理的真诚精神，不以争论为目的，也不以在论辩中胜出为渴望"来进行探讨。

然后每个季度，每一位成员都要写一篇文章，再相互阅读、相互讨论。这种局部环境的建设，非常有利于保持动机和实现目标。

（2）无论大环境还是小环境都无法帮助你实现目标的时候，大胆调整目标适应环境。

这并没有多大困难，遥想新民主主义革命时期，走攻占中心城市的道路无法实现革命的时候，作出农村包围城市的决定，需要多大的勇气，需要克服多大的困难？相比而言，我们在学习上作出目标调整，真不是多大的一件事，固执己见反而会付出代价。

如果你所在的学校高考上一本率很低，从来没有人考上重点大学。这种情况下，我们一定要定一个上重点大学的目标吗？

我们完全可以定一个上一本学校的目标。这并不是一件可耻的事，这是你在已有环境下能达到的最好目标。真能达到的话，就已经是相当了不起的事情。还可以计划，等到上了大学，再考一所重点大学的研究生，步步为营，"曲线救国"，总能实现目标，如图2-24所示。

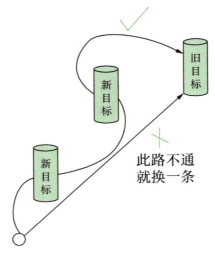

图2-24　调整目标适应环境

有时候我们常常发现，大目标不需要调整，需要调整的是子目标。

比如设定"写好议论文"的目标，我们拆解出"收集论据"的子目标。但是后来发现，即使收集了很多的论据，在写作的时候还是无法下笔，脑袋里空空如也。

这个时候可能需要后退一步，建立新的子目标，比如设定"每天写500字"的子目标。不要在乎论据是否很合适，也不要在乎论证和论点是否很完美，重点在于写。通过写，来训练自己的文字表达、写作手感，定时练习还能激发灵感。

再举个例子，某位同学想要在暑假用6天的时间完成所有暑假作业，然后分解子目标，一天完成一科。实行的时候他发现，一天不可能写完一科作业，他受到打击，于是放弃，连同完成暑假作业的大目标也一同放弃。

其实，他可以尝试把子目标降低，比如每天写一个小时的暑假作业，然后把大目标的时间期限拉长为一个月，作者相信是有可能完成的。

还要注意的是，有时候确实经过多次努力，调整目标，调整环境，但依然没有完全实现目标。很多人就认为已经失败，既然失败就完全否定之前的所有努力。

但事实是，我们的很多成功果实并不是实现目标得到的，而是实现目标的过程中得到的，切不可妄自菲薄。有一句话很有哲理："有善始者实繁，能克终者盖寡。"一方面说明很多人很难坚持到实现目标；另一方面也说明，我们有时候不一定要完全实现目标，我们也许只需要一个指引方向，努力向前。

2.9 攀登高峰：站在顶峰才能见识新世界

作者刚当老师不久，带晚自习时遇到一位同学，这位同学总是调皮捣蛋，不爱学习，很多老师都不喜欢他。他逐渐与社会上的一些小青年接触。但是他总喜欢跟着作者，于是作者一有机会就逮住他聊化学，跟他探讨很多神奇的、他没有学到过的化学知识。

后来作者给他推荐了一本山冈望著的《化学史传》，他真的找来看了，每天一有空闲时间就在学校偷偷看，看得津津有味、如痴如醉。后来他不仅因此喜欢上了化学，还喜欢上了学习，最后他顺利考上了高中，也顺利考上了大学。

还有一位同学很有意思，他刚上高一的时候立了一个人设——化学很好。其实呢，他的化学很一般。

但是为了维持这样的形象，他努力学化学，所以高一化学第一次考试他考了很高的分数。因此他很有面子，为了这个面子，他继续努力，继续把化学成绩保持在较高的位置。其实这个过程带给了他很大的自信与快乐。

这两个同学的例子告诉我们，他们虽然一开始对于学习没有很明确的感受，并不知道学习的意义是什么。但是通过一些方式，他们达到了一个新的阶段，这个阶段让他们看到了学习的意义。

小技巧

两种方式帮助我们达到新的阶段：第一，通过别人的眼睛看；第二，通过自己努力实现某个目标，实现这个目标之后，你会进入新的阶段。但是第一种方式总要伴随第二种方式才能有更深刻的体验。

有不少同学问，为什么要学化学？为什么要努力？为什么要读书？当问到这些问题的时候，说明他们还没有进入一个新的阶段，没有看到学习对他们的意义。这就导致他们很容易问出一些终极且消极的问题。

然而，这样的问题很多时候并没有答案。很有可能只有在进入社会，经历了一些工作，才可能回答这些问题。但是那太遥远了，也不可捉摸。

物理学诺贝尔奖的获得者费曼也曾谈到这样的问题,"我们为何存在""我们要去哪里""宇宙的意义是什么"。他认为这样的终极问题对他没有什么价值,只是偶尔一闪而过的念头,没有得出答案,就不再关注。他更愿意关注眼前的工作,抽丝剥茧地一步一步地探索世界、认识世界。

所以我们要做的是什么呢?作者认为爬山是一个很好的比喻!爬到峰顶才能看到未曾看到的新世界。找到让你目前感到兴奋的目标,实现它,实现之后,你会发现有些不一样,实现目标本身就会找到意义,如图 2-25 所示。

图2-25　攀上高峰才能看到新世界

在实现目标之前,你可能会产生很多的想法,或者听到别人的意见,但这些都是没有通过实践得来的想法,属于空想。这样的空想,只要你愿意,将无穷无尽。

只有真正在实践的过程中,才会产生有价值且深刻的想法。这些新想法会成为你下一步行动的指引。

而空想就好像在网上吵架,你说了一句话,别人能够怼你十句,你也可以回他一百句,但是没有任何意义,无法真正改变我们的生活。真正有价值的思想应该在实践中产生,用于改变实践。

真正读过高中的同学,他会告诉读初中的同学,你还是要努力考一个好的高中；真正读过大学的同学，他一定会告诉读高中的同学，你还是努力一下，考个大学是不错的。

真正深入学习过化学的人，肯定不会觉得化学没有意义。

你就会发现很有意思的现象：只要努力做好一件事情，你就能看到关于这件事情的价值。也正是因为你做好了这件事情，你才发现原来你的世界有所变化，如图2-26所示。

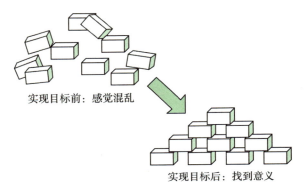

图2-26　实现目标就能找到意义

有人说过，认真学习一门语言，这门语言会改变你的思维方式。这是有科学依据的。

最近的一些科学研究就发现，人的思维影响了语言，但是反过来，语言也会影响我们的思维。比如澳大利亚有一群土著人，他们在语言上面，从来不谈左右，只谈东南西北。他们只会说"你看我的东南腿上有只蚂蚁"，而不会说"我的左腿上有一只蚂蚁"。这种语言，让他们对方位的认知能力比其他人更好。

不仅仅是语言，其他任何的一个学科体系，都有它独特的思维方式，认真去学都会重塑你对世界的认知。所以作者认为，设定一个目标，努力去攀登，当你站在这个峰顶的时候，所看到的世界跟你站在山底所看到的肯定是不一样的，你对世界的认知方式也会有所改变。这就是其中的意义所在。

第 3 章

大脑：认知的原理

3.1 信息加工：让知识在脑海中烙下印记

你一定有过这样的经历：细细品读一篇散文，读完后合上书，闭上眼睛，这个时候你的脑海里是不是会有与这篇散文相关的很多画面。这就是信息进入大脑的景象，大脑正在对这些信息进行加工。

> **小技巧**
>
> 信息加工理论认为，人的大脑加工信息时，主要分为三个部分：接收信息部分（感觉记忆）、加工信息部分（工作记忆或者叫短时记忆）、存储加工后的信息（长时记忆），如图3-1所示。
>
>
>
> 图3-1 信息加工理论

我们可以从信息加工的这三个步骤中找到提高学习能力的办法。

（1）感觉记忆，找到吸引你注意力的亮点。

想象一下，在漆黑的夜晚，你正在赶路，突然一只萤火虫从你眼前飞过，它身上的荧光一闪一闪。这个时候，你一定会被这闪烁的亮点吸引，目光随之移动。这就是吸引你注意力的亮点。

在学习中，你需要找到那些吸引你的亮点，让它们帮你开启信息加工的流程。

预习是很好的方法。通过预习，你知道自己有哪些问题不懂，这些问题就是吸引你注意力的亮点。课堂上，老师讲到相关问题的时候，你的注意力就会迅速集中并重点关注。

制订清晰的学习目标与学习计划。这样可以帮助你收拢注意力，自觉地安排好时间和地点对要学习的内容进行持续关注。

找到学习的乐趣,有乐趣的事物最能吸引人的目光。比如,你特别喜欢生物,只要上生物课就很兴奋,老师所讲的每个知识都能给你带来乐趣,注意力自然会集中。

(2)工作记忆,让知识得到充分的加工。

信息被注意之后,会进入工作记忆(或者称为短时记忆)进行加工。

工作记忆就像一个快递站,很多快递被运送进去做短暂停留,然后被分门别类、打上标签,又很快地被分发出去。

在这个阶段,是对信息进行加工的最关键环节,也是深度思考的环节。你需要给信息足够的时间和空间,让信息得到充分有效的"编码"。

工作记忆容量有限,一次只能加工 7 个左右组块的信息(甚至更少)。组块是一种记忆单位,一个组块可以是一个数字、一个单词、一句话,或者一个知识点。

如果一次性加工太多的信息,则会对工作记忆造成极大的负担。

我们可以从四个方面降低这样的负担。如图 3-2 所示。

① 一次思考一件事,不要一心二用。

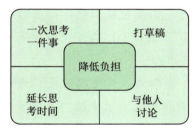

图3-2 降低工作记忆负担

② 打草稿,腾空工作记忆以便进行下一步的思考,比如做多位数的计算时,如果不打草稿而是单纯口算就很难算清楚。

③ 延长思考时间,降低思考的压力。

④ 与他人讨论,让别人的工作记忆与你的工作记忆联合工作。

但是上述第④点要注意,如果对方的表达不易理解,可能反而会加重工作记忆的负担。

总之,我们应该有充足的时间和空间留给工作记忆。

教育心理学家梅耶认为,在工作记忆阶段,通过语言与图形两种方式对知识进行加工，有利于对知识的深刻理解。

所以，当我们接收到语言表达的知识时，我们可以尝试把它加工成图像、图表或者动态画面。

反过来，当我们接收到视觉呈现的知识时，我们可以尝试把它加工成语言的形式。

（3）长时记忆，知识储存的硬盘。

有了前面两个步骤，信息就可以从工作记忆进入长时记忆了。

长时记忆中，这些信息并不是杂乱无章的。长时记忆中的信息可以分为两类：情节记忆和语义记忆。

情节记忆就像一个故事，它记录了你的经历和事件，包括时间、地点等细节。比如你回忆起上次爬山，大概是什么时候出发，和谁一起去，一路有什么风景，又用了多长的时间到达山顶等。

语义记忆里面则存放着各种定义、定理、公式等知识。这些知识不是按照时间和空间来组织的，而是按照它们的意义和内容来组织的。

但是，有意思的是，研究发现，阅读纸质书籍比阅读电子资料能取得更好的成绩。原因可能就在于，纸质书籍有触觉，有不同的页面信息，能帮助我们把知识定位在书中大致的哪一页。这能够帮助我们在脑海里建立知识的空间位置结构，有利于把知识存储到长时记忆，如图3-3所示。

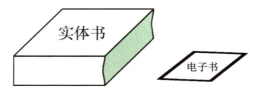

图3-3　实体书与电子书

这给我们的启示是，我们可以利用情节知识帮助我们记忆语义知识。

比如用纸质书籍阅读、给书籍贴标签、在页面画特别的图形、经常翻阅目录查看对应知识所在的页码等，这些都能帮我们定位和记忆语义知识。

工作记忆与长时记忆之间的关系不是单向的。工作记忆能把经过加工的知识存储到长时记忆；反过来，长时记忆也可以提取已有的知识到工作记忆，帮助工作记忆进行思考，降低工作记忆的负担。

比如，长时记忆里没有金属活动性顺序表中所含的 15 种金属，那么这个顺序表中的15种金属在工作记忆中，就意味着至少有15个组块信息。

如果长时记忆存储了金属活动性顺序表，那么，在工作记忆中，这 15 种金属名就只代表一个组块信息，如图 3-4 所示。

钾	钙	钠	镁	铝
锌	铁	锡	铅	氢
铜	汞	银	铂	金

十五个组块信息

钾	钙	钠	镁	铝
锌	铁	锡	铅	氢
铜	汞	银	铂	金

一个组块信息

图3-4　金属活动性顺序的组块数

而且，工作记忆中的知识，只有跟长时记忆中的知识建立联系，才能形成有意义的学习，才能牢固地存储到长时记忆中。

比如盖房子，如果新到的砖块不能砌到原来已经砌好的墙上，而是随意堆放的话，那么这新到的砖块就不属于这座房子。

也就是说，如果我们作为学生不进行主动的学习和思考，而只是单向地接收老师的知识传授，那么就无法把知识变成自己的。

3.2　元认知：从上帝视角观察我们的学习

学霸有的一种能力，我们都有。但是我们很多时候却没有用到学习上，实在可惜。

马上回想,你当初为什么拿起这本书开始看?你可能会想到,你走过书桌,看到了这本书,然后想"这本书好久没看了,要不拿起来看看",接着"书里面的内容好像挺有帮助,现在挺无聊,那就看看吧",于是你拿起了这本书,翻了翻,看到"上帝视角这一节","咦,这一章可能有点意思"……

你可以回想出关于你拿起这本书的整个动作过程和思绪过程,还能越想越细。你也是唯一能够这么清晰地同时看到自己言行和思考的全过程的人。你就是自己的上帝。

有一本书叫《追忆似水年华》,作者就是不断地写下像这样思考自己的行为的思绪,写了厚厚的一本书,还是一本名著。这样的回忆如果用在学习上就属于元认知。

> 小技巧
>
> 所谓元认知就是,监控、评估、调整自己学习的过程,也叫作关于认知的认知。

在学习上利用好元认知,核心内容有四点,如图3-5所示。

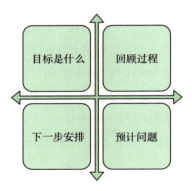

图3-5 学习上利用元认知

(1)问自己的学习目标是什么。

元认知的结果应该是,让自己的行为不断向目标逼近。

如果没有目标，元认知是发散的、混乱的，你只是了解了自己的行为，却没有真正地把行为调整到学习上。就像马克思所说，他的哲学一定不是仅仅揭露世界的真相，还要去改变世界。

我们的元认知应该也不仅仅是发现自己，还应该用于改变自己。

有人说"半部论语治天下"，但是为什么很多人觉得论语没用？那是因为很多人真的只是想用论语"治天下"，或者说只是希望教育别人使用论语，而不是用论语改变自己。

设定学习目标，才能让自己的认知和行为有持续的改变。这也是学习的意义所在。

（2）定期回顾自己的学习过程。

通过三个问题来回顾学习过程，如图 3-6 所示。

图3-6　回顾学习过程

① 我做了什么？注意是"我做了什么"，而不是"获得了什么"，这两者是有很大区别的。后一种问法，容易让大家处于一种陷阱，以为一定是要做对了什么或者获得了怎样的成绩才能叫收获什么。这是不对的，应该要更关注这个过程，学习这个过程本身就一定是会有学到东西。

比如，你用了一个小时来看一道数学题。注意这个过程，只要你是在努力学习，即使你没有解出这道题，也是有收获的。

再比如，你看了一个小时的化学，可能进度很缓慢，但是你确实做了这件事情，那就是有收获的。

② 我用了什么方法？可能我们并没有意识到我们在用自己的一套学习方法。这个方法可能不是别人告诉你的，不是你学来的，而是你自己生成的。每个人都可能生成自己的学习方法。

所以关注这一点，可以形成属于自己的、合适自己的学习方法。

但不管是别人的方法还是自己的方法，都应该做好调整，把这个方法的利用效率提高，让学习效果更好。

③ 离目标是否近了？审视自己的行动是否在往目标前进。西蒙学习法的重要内容之一，就是考虑自己的行动跟目标之间的差距，不断地弥补这个差距。

只要意识到我们在不断接近目标，即使这个距离很远，但只要给我们足够的时间，我们就能够达到目标。正是这样的审视，会让我们坚定信念、坚决行动。

当然，有时候战略性的后退也是允许的，也是有价值的。

比如说我们玩魔方，为了让6个面都达到完整，我们可能有时候要破坏一个面才能够进一步让所有面都完整。

再比如我们要爬一座高山，可能我们要先下一个坡，再去上坡，最终达到最高点。

（3）对下一步做安排。

下一步要做什么，是根据已经做了什么和需要达到的目标来安排。

比如说你的目标是把英语成绩提高，到目前为止，你在英语单词方面已经有很大进展。接下来你计划学习英语阅读，那么你就可以把接下来一周阅读几篇英语文章做好安排。

如果我们每天都知道第二天要做什么，是一件非常充实的事情。

你可以试试，在前一天晚上安排好第二天早上要做的事情，你这天晚上一定会睡得很舒坦。

同样地，你如果安排好了下一个星期甚至下一个月要做什么，你的这一个星期和这一个月都会很充实。

为什么有这样的充实感？原因不仅仅在于你有目标，还有你正在按照自己设定的路径朝着目标前进。

（4）预计未来可能遇到的问题，设定应对方法。

很多人遇到了挫折及所谓的失败就一蹶不振。

其中最大的问题不在于挫折和失败有多大，而在于你对这样的挫折和失败是否有预见，并是否有设定应对方法。

当然，你会发现很多人都对自己的失败有预见。比如成绩总是倒数第一的人，他当然能够预见下次考试还是倒数第一，但是他并没有任何想法去改变，他已经对失败习以为常，这习以为常就是一蹶不振的体现。

所以必须有应对的方法，才能真正打败一蹶不振，如图3-7所示。

预计问题 ➕ 应对方法

图3-7　打败一蹶不振

注意这样的方法不需要你去告诉别人以证明你的努力。你要做的就是告诉自己，让自己相信你是在努力作出改变。

另一类人，包括中等生和优等生，他们有可能高估自己，觉得自己一定会在某个学科上取得好成绩，一定能听懂老师讲的内容。

如果这只是用来坚定信心，是可以的，但是理智应该是这样的，"如果这节课我没听懂，我有没有应对之法？""如果这次考试我没有达到预想的成绩，我要做些什么改变？"

正是这样的理智的元认知，才会帮助你脚踏实地、充满信心地往前走。因为一切的失败不过是在你的预料之中，不过是在给你向目标前进的道路上添砖加瓦。

3.3　内隐学习：镶嵌在基因里的平等

你结束了一天的学习，洗完澡，躺在温暖舒适的床上，身心愉悦，正准备入睡。突然，你脑海里响起了一个声音："你今天什么也没学会！"你惊坐起来！焦虑、空虚袭来，内心恐慌！你很惊讶，一天忙忙碌碌，却没有一点充实感和收获感。这是怎么回事呢？

真的一点收获也没有吗？

你错了！只要你参与了学习过程，你一定是有收获的。只是很遗憾，你没有发现自己的收获。如果没有发现，你就有可能会遗忘。

作者为什么这么认定你就一定学到了东西呢？

有科学家做了一个实验，他在实验者面前按一定的规律呈现图形，同时让实验者预测下一个图形的形状。这个规律很复杂，很难总结出来。然而即使是蒙昧的儿童在经历了一定次数的实验后，预测图形的准确率也会大大提高。

更有意思的是，这些儿童根本不知道自己为什么就预测成功了，他们不知道规律是什么，也不知道自己掌握了规律。

> 💡 **小技巧**
>
> 很多时候，虽然我们学会了，但我们并不知道自己怎么学会的，甚至不知道自己已经学会，这种情况叫内隐学习。

很多极其复杂的行为都可以通过内隐学习而完成。有资料显示，绝大多数（大约95%）发生在我们日常生活中的学习行为都是内隐的，如图3-8所示。

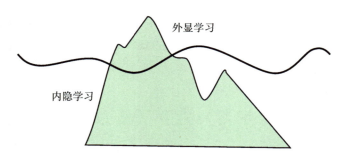

图3-8　大多数的学习都是内隐学习

比如婴儿学会笑、用手指捏拿东西、走路、因果关系都是内隐的;再比如很多人学习英语、语文凭借说不清、道不明的"语感",其实就是内隐学习;还有学会骑自行车,"读书破万卷,下笔如有神",等等。

有的同学觉得自己很笨、不会学习,学知识"左耳朵进,右耳朵出"。然而事实并非如此,人类的大脑异常复杂,决定了它处理信息的能力异常高超,处理方式也异常多样,每个人都能做到。

有研究表明,即使是高功能孤独症谱系障碍患者仍然拥有完备的内隐学习能力,这种能力与普通人没有差别。

我们每个人都拥有内隐学习能力,我们需要关注其中的三个核心要点,如图3-9所示。

(1)可以通过本能学习。

不要再说自己什么也学不会,不要再怀疑自己的能力,我们一定能学到东西。这一点很重要。

为什么?因为有的人一旦开始怀疑自己,他的思维就完全封闭,不接受任何学习上的信息。也就把内隐学习的可能性封闭起来了。不要放弃,只要坚持走在学习的道路上,收获自然会有。

图3-9 内隐学习三个要点

西蒙提到过一种教学法,就是发现教学。也就是老师把学习材料暴露在学生面前,不做引导,学生能够自然而然地从材料中发现知识,甚至产生新知识,而且可能会有老师意想不到的发现,如图 3-10 所示。

这与内隐学习有异曲同工之妙。

(2)内隐学习需要时间。

学习时间很短,你能学到什么信息吗?能,一定能。即使是扫一眼学习资料,你也能感受到这学习资料上的很多信息。所以,有时间就花费

图3-10 发现教学

在学习上，即使是碎片时间也有价值。

作者曾经的英语老师告诉我们一个做阅读理解的方法，就是先以最快的速度浏览一遍文章和题目，即使第一遍什么也没看懂，也要先这么做。然后第二遍再细细地看。第一遍的快速浏览，你感觉什么也没获得，但实际上已经有一些信息进入大脑，只是你不知道。第二遍认真研读的时候，第一遍的浏览一定是有帮助的。这让作者非常受益，高考的时候英语也获得了130多分。

但是更有价值的内隐学习一定是多次、长时间地投入学习。科学研究发现，随着学习次数的增加和时间的延长，内隐学习掌握的规律会越来越准确。

特别是从语言学习上可以看出端倪。有很多学霸，语文、英语成绩很高，但是他们也说不出为什么，在做英语、语文题时常常凭借所谓的"语感"来答题，速度快而准确。如果跟他们交流，就一定会发现，他们平时的阅读经历极为丰富。

有一位杰出的数学家叫拉马努金，他擅长依靠直觉写出数学结论，而不知如何写出证明。在他短暂的32年人生里，他独立发现了近3900个数学公式和命题。他认为是神在他脑海里写下了这些优美的公式，他只是把它们写出来而已。

真的有这么神奇的事情吗？事实是他从小就喜欢自学数学类的书籍，他15岁的时候接触了数学书《纯粹数学与应用数学概要》，这是一本含有5000多个方程的书籍，却没有被证明，而他一读就是5年。

正是他对数学书籍的大量阅读，使他的大脑进行了长时间的内隐学习。在他不知不觉中，大脑里形成了很多伟大的数学公式，他虽然不知道是如何形成的，但是确实是他内隐学习的结果。

（3）内隐学习需要专注。

这一点看似老生常谈，却是进行内隐学习的关键。

专注的力量是无比强大的。当我们专注于学习资料的时候，其中的文字、图片、图表等信息进入我们的大脑，在大脑里流淌，你可能都没有意识到它们在发生什么样的作用，却悄然改变你的认知。

如果要想进行内隐学习，那么作者告诉你最好也是最简单的方法：把自己充分暴露在学习材料下。什么意思呢？可以这么做，把自己关在一个房间里，其他任何外界的影响信息都清除，包括其他无关的书籍、手机、电脑等，只留下需要学习的材料。学习累了就睡觉，睡醒了继续学。坚持一整天甚至几天，你一定会有很大改变。

3.4 心理表征：创建高质量的知识表现形式

当提到电池两个字，你能想到什么？有的人想到的是"一节更比六节强"的广告词，有的人想到的是铜锌原电池的结构图，有的人想到的是新闻上谁家的电动车电池起火。这些就是"电池"的心理表征。心理表征就是针对某一个事物在心理上呈现的图像、语言、情境、事件。

如果没上过大学的人，让他描述关于"大学"的心理表征，大概只是新闻、图片、影视剧上的一些简单的画面。而真正读过大学的人，他关于大学的心理表征则可能是，黄昏的球场、校门口的林荫道、湖畔的垂柳、流连的图书馆、一起学习生活的同窗好友、同心协力的社团队友、阶梯教室的奋笔疾书等，大学四年的场景在脑海里就像放电影一般，生动形象。

> **小技巧**
>
> 一个具体事物的心理表征的数量与质量决定了你对这个事物的了解深度与回忆提取速度。同样地，在一个知识领域，你的心理表征的数量与质量决定了你在该领域的专业水平。

作者在教授电化学这一块内容的时候，第一个要帮助学生创建的心理表征就是铜锌原电池,作者画出电池核心组件,然后告诉学生,把这个图深深记忆到大脑中,只要遇到了"原电池"三个字,就马上回忆这个铜锌原电池,如图3-11所示。

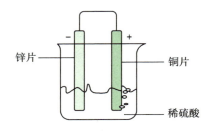

图3-11　铜锌原电池

为什么呢?因为这个原电池里,能非常清晰地观察到原电池的四个基本条件。其他电池不管多复杂,都隐含了这四个基本条件。所以,这个铜锌原电池的心理表征可以帮助学生很好地理解电池的原理,并快速提取出相关知识。当然,在此基础上,你还可以创建更多电池的心理表征,比如氢氧燃料电池、铅蓄电池等,都是质量比较高的心理表征。

创建什么样的心理表征是质量高的呢?

(1)有代表性的、可以迁移的心理表征。

比如让你创建关于"鸡"的心理表征,你创建的是一堆羽毛的形象,这样的心理表征则没有代表性。有羽毛的就一定是鸡吗?显然不一定。

那么我们来这样试一试:鸡是这样的,有翅膀但不怎么会飞,有两只脚只会走路不会游泳,有尖嘴但不长,喜欢打鸣。这样的形象来定位鸡,会更加准确,更有代表性。

当你看到天空飞过的鸟,就知道不是鸡,看到一只在水上漂浮的鸭子也知道不是鸡,一大早听到"咯咯咯"的叫声,就知道那是鸡了。

（2）提取效率高的心理表征。

注意，不是存储效率高的心理表征，这两者一定不要混淆。比如，关于"蟑螂"的心理表征，没见过蟑螂的人，看到了蟑螂的图片，可以很快地记住这张图片。但是，过了很久让你回忆什么是"蟑螂"，你可能想了半天也是印象模糊。

但是如果你第一次在居住的环境看到蟑螂，这只蟑螂白天在你眼前爬过食物，晚上在你睡觉的时候飞到你脸上，你用一只拖鞋把它拍在地上，结果它一张翅膀又飞走了。然后一个月以后，让你回忆什么是蟑螂，你大概率一瞬间就能想到那一天遇见蟑螂的情景，极为清晰。所以，看明白了吗？要创建提取效率高的心理表征。

如何创建？上面的例子也已经告诉我们方法：多花时间，多经历。

还有一种创建高效率提取心理表征的方法，就是形象化、故事化。

比如有一串数字，5789，如何记住它？有的人硬背。作者的记忆是，5谐音"我"，7可以想象成拐杖，8看作眼镜，9是摔掉一个镜片的眼镜，串成一个故事：我拄着拐杖不小心向后摔倒，眼镜摔到地上，碎掉了一个镜片，也就是5789了。作者把这串数字形象化、情景化。这样视觉化的心理表征非常有利于记忆和提取。

经过专业训练的记忆达人，甚至会直接把1～100的数字全部创建固定的形象作为心理表征，并记下来。然后他看到任何一串数字，都能在极短的时间内用这些数字代表的形象创建一个小故事。记住这个故事，就记住了这串数字。只要经过足够的训练，这些达人记忆数字就是扫一眼的事。

多角度创建多个心理表征有利于我们对知识的理解，也有利于我们找到高质量的心理表征。

比如现在想象一个2×3的小矩形，有10个这样的小矩形，能拼成多大面积的大矩形？

一个办法很简单，2×3再去乘以10，得出60平方米的大矩形。

另一个办法,先想象把 10 个 2×3 小矩形拼接出一个大矩形,然后算出大矩形边长分别是 10 和 6,最后算出面积 10×6=60,如图 3-12 所示。

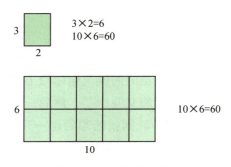

图3-12　两种心理表征

这两个心理表征是不同的,一个是直接利用数学计算得出结果,并没有在心理上拼接出一个大矩形。第二个是先建立一种拼接后的大矩形的形象,再进行计算。不同的心理表征适合不同的人和不同的情况。但是只有先进行这两种尝试,才能选择哪种表征更高效。而且这种尝试对大脑的训练很有好处。

有一个非常简单的帮助我们创建心理表征的方法,就是专题练习。这样专题性质的练习常常有丰富的典型题目,做熟练了,自然而然地就在脑海里创建了数量很多的这种题型的心理表征。下次再遇到这种题目的时候,就能很快地利用这些心理表征来解题。

3.5　辨识网络:过目不忘的本领

研究发现,国际象棋大师有过目不忘的本领。他们扫一眼棋局,就能够基本复现整个棋局的棋子排布,甚至可以思考棋子下一步的合理走向。

我们去医院看病,也能发现一个神奇的现象,三甲医院里的某些医生,扫一眼检查报告单,根本不用细看,就能迅速地了解报告单中各种数据的情况,就开始给你分析病情,然后开药。我们排队几个小时做的检查,医生几分钟就把你打发了,你都怀疑医生是敷衍你。

学习生活中,我们也总能发现一些同学拥有快速记忆的本领。他们读一遍文章就能快速记忆文章的内容,听一遍课就能迅速掌握老师讲的公式、定理还有解题技巧,看教科书也是随便一看,就都能理解和记住。

这些人是不是天赋异禀、记忆力超群,我们普通人是无法企及的?

然而事实是,我们每个人都能拥有过目不忘的本领。

> **小技巧**
>
> 西蒙发现,我们再次见到熟悉的事物的时候,能够迅速识别出这个事物的名称、特性。这个过程几乎在一瞬间发生,基本不用思考。他把这个过程称为再认。

比如,我们见到熟悉的人(比如你的父母),即使他远远走过来,你还没看清他的脸,但是你能立刻知道他的名字、他的样子、他的过往。这个速度确实非常快。

相反,对于从未见过的陌生人,即使他从你眼前走过,你可能还观察了他一会儿,但是过不了多久,让你再回忆他的样貌,你会感觉非常模糊,如图 3-13 所示。

图3-13 再认

这又跟过目不忘有什么关系呢?

回到象棋大师那个研究上,科学家还做过另一个实验,他们在棋盘上随意摆放棋子,没有形成规则的棋局。再让象棋大师去记忆棋子位置,结果是,象棋大师与普通人基本没有区别。

所以,明白了吗?所谓的过目不忘,就是再认!

再认也并不是单纯地再次识别完全一样的事物,而是只要你极其熟悉这个领域的知识,知道它的规则,形成了辨识网络,即使你未曾见过这样具体的棋局,却依然能帮助你再认这样的棋局,并做到过目不忘。相反,脱离了这个领域的知识和规则,你就完全没有这个能力。

所以我们可以说,过目不忘,就是你对这个领域极其熟悉的情况下自动形成的能力。

再举一个例子,你就能切身体会过目不忘究竟代表了什么。

有一只狗从你眼前跑过,你瞄了一眼。然后过了一小会儿,你的朋友问你,你有看到什么东西跑过去吗?你说那是一只狗。你的朋友没有见过狗,于是问,它长什么样子?

你给他讲,狗有四条腿,有条尾巴,身上长满了毛,有两只耳朵,两只眼睛,长长的嘴巴,嘴巴上面就是鼻子,舌头总是伸出来。

然后你继续说,刚刚跑过去的狗,有黑色的毛,耳朵耷拉下来,个子不高,脖子上有个项圈,应该不是流浪狗,看着不凶,应该不会咬人。

你的朋友大为惊讶,你是如何做到,看一眼就能把这只动物的每一个特点都描述得这么清楚?

对于你的朋友而言,你就是拥有过目不忘的本领。

然而事实上,你知道,你的过目不忘只不过是在于,你见过很多很多只狗,在你的长时记忆里有各种各样的狗的形象,也就是心理表征。它们形成了一个巨大的关于狗的辨识网络,当在现实世界见到一只狗时,你能够迅速调用辨识网络的心理表征来确认你见到的是一只狗,这几乎不需要占用工作记忆来思考,如图3-14所示。

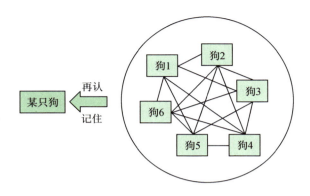

大脑中关于狗的辨识网络
图3-14 对狗的过目不忘

并且，同时你还可以利用空闲的工作记忆来观察这只狗的具体特征。这些具体特征可能不在长时记忆里，但是工作记忆能帮助你思考和记忆。

当然，你也知道，你的辨识网络的水平还远远不如专业的养狗专家，他们肯定能在一瞬间再认出更多的信息，比如这只狗的品种、性别、是否成年、习性等。所以相对你而言，这些养狗专家才是真正拥有过目不忘的本领。

我们在学习中同样可以拥有这样的本领。

比如，作者在高考复习阶段，经历过高强度的学习、思考、做题的过程之后，大脑里储存了大量与高考有关的知识的心理表征，还有极其丰富的典型题目的心理表征。

因而作者拥有了这样的技能：看一两遍题目之后（即使是很长的题目），就能在大脑中复现这个题目，即使有的信息不是很清晰，深入回想之后也能很快变得清晰。然后使用这个技能，作者可以在吃饭、走路、上厕所的时候随时思考题目。作者也能够在吃饭的时候就把一篇古文背下来，在英语测验的前几分钟把单词背下来。这不就是过目不忘了吗？

现在作者当老师，学生拿来无论多复杂的题目，作者只要读一遍题目就能知道题目讲了什么，并迅速形成解题思路。此时，学生就会很惊讶，认为这是不可能做到的。然而事实是，他们如果能像作者一样，不断刷题，不断总结题型和解题技巧，不断复习和梳理知识，他们同样也能做到。

所以，知道过目不忘的秘诀了吗！总结起来就是：在你要学习的领域，大量地学习（包括学知识和练习）并总结大量的心理表征，最终形成辨识网络。

3.6 启发式搜索：问题的解决与新知识的形成

人类是如何解决问题的？

我们来思考一个问题：$x+12 = 22$，求 x 的值。

我知道很多同学一定一秒钟就知道答案了。但是别着急，我们细细想一想我们是怎么解这一道题的？

方法一：让 $x = 1$，然后代入式子计算，发现 $1+12 \neq 22$；

然后重新让 $x = 2$，代入计算，发现 $2+12 \neq 22$；

继续让 $x = 3$，代入计算，发现 $3+12 \neq 22$；

让 x 依次增大，直到使 $x+12 = 22$ 成立为止，需要经历 10 次计算。

这种方法，显然吃力不讨好，大多数人不会这么做。

方法二：让式子两边同时减去 12。

$x+12-12 = 22-12$，得到 $x = 10$；

方法三：将左边的 12 移项到右边，也就是 $x = 22-12 = 10$。

方法一尝试所有可能，最后达到解决问题的目标，用了 10 步。方法二和方法三，根据大脑里关于减法、等式两边同增同减、移项等知识，只要一两步就能找到问题的答案。

如果问题稍微再复杂一点，方法二和方法三的优势要更大！

> **小技巧**
>
> 根据已有知识和经验，在大脑中搜索解决问题的途径，就叫启发式搜索。

到这里，可能大家还没有意识到启发式搜索的威力。那么我们再来看启发式搜索的核心公式：$f=h+n$。f 表示的是通过启发式搜索解决问题的路径，h 表示的是已知或者已经走过的路径，n 表示的是预估的路径，如图 3-15 所示。

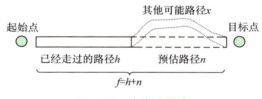

图3-15　启发式搜索

无论是已知路径还是预估路径，都是直接与我们的知识和经验挂钩。正是有了这些知识和经验，我们不需要尝试所有的路径，就可能迅速找到让人满意的结果。

但是缺点也很明显，对于复杂问题，我们常常很难找到最佳的路径，甚至很有可能，由于我们知识和经验的不足，我们搜索得到的路径根本无法解决问题。但是，这种风险是值得的，也是必需的，因为我们之前说过，面对复杂问题，我们人类解决问题的能力总是那么微不足道。这也是西蒙有限理性原理的核心内容。

理性虽然有限，但是却极其重要，所以我们一直强调要根据自己的经验和知识来进行启发式搜索，会大大提高我们解决问题的效率与成功的概率。

那么，启发式搜索究竟对我们在学习上有什么启发呢？主要有三点，如图 3-16 所示。

（1）努力积累知识和经验，提高自己的理性。

有同学说，他无论思考多久，也解不出题目！而有的人很快就能解出来，这是为什么呢？这个答案很简单，只是很多人没有意识到，或者不愿意承认，那就是知识和经验不够。

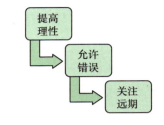

图3-16 启发式搜索的三个启示

当你感到很困惑的时候，就应该去弥补知识和经验的缺漏。拥有了知识和经验的武装，说不定就能很快解决问题，到时候你会想，原来有知识的感觉真是美妙。

（2）启发式搜索，不是全知全能。

有的同学认为，既然理性很重要，那么我就要把所有知识都学到手，再去解决问题。这是不对的。

当你有这种想法的时候，就不是启发式搜索，启发式搜索允许错误的出现，允许在错误中成长。我们不是全知全能的人类，我们是有限理性的人类。

认为必须掌握所有知识再去解决问题，实际上是变相地尝试所有路径，与启发式搜索相悖。

（3）当预估的路径收益远大于已知路径时，可以忽略已知路径。

有时候我们只关注眼前的事物，导致我们对于远期问题的忽视。然而很多时候，远期问题才是重要的。

比如，你想要提高英语能力，这是一个要解决的问题，你现在有一个小时的时间，你想玩游戏，你能够明确玩游戏让你当下感到快乐。而你如果现在拿起单词来背诵，你也能确定背下20个单词，但是似乎没有打游戏快乐。因此很多人会选择打游戏而不是背单词。

启发式搜索，则不仅仅需要知道眼前带来的好处，还要预估长期影响。如果选择打游戏这条路径，把时间跨度拉长一年，如果这一年总是在有时间的时候选择打游戏，那么你能够评估出自己的英语能力提高不了。相反，只要你一有时间就背英语单词，一年之后，对学习英语的收益应该是非常大的。

所以虽然眼前似乎打游戏更快乐，但是经过评估，我们背英语单词的远期收益会远远大于玩游戏，那么我们应该选择背单词而不是玩游戏。

古语有句话叫"日拱一卒，功不唐捐"，还有一句叫"不积跬步，无以至千里"。只要明确了目标，经过启发式搜索，找到达到目标的路径，那么只要坚定地朝着目标每天努力就可以了。当然，可能有风险，但是做任何事情都会有风险，我们要大胆地去冒险。

3.7　注意力控制：是什么在吸引我们的注意

有的同学是这样的，上课看上去很认真，目不转睛地看着老师讲课，还认真地做了满满的笔记。但是非常奇怪的是，当老师问他问题，或者让他做题，他是真的一点知识都没学进去。比如，前一分钟，作者告诉他甲烷的化学式是什么，然后作者把化学式擦除，让他写出甲烷的化学式，他却写不出来，反复如此，作者才明白，他的认真只是表面的，他的注意力根本不在作者这里，他的思绪飞扬，不知道跑到哪里去了。

为什么会出现这样的情况呢？

> **小技巧**
>
> 人的注意力受两个方面影响：一是外界环境的刺激，二是人的有意控制。如果只有前者，那么他是处于无意识注意状态，任何事物都可能吸引他，包括声、光、味、触觉等，也包括生理上的刺激，比如饥饿、口渴等。后者则是有目的、有计划地进行注意力控制，只关注跟目的有关的环境刺激。

人有意识地控制注意力需要消耗能量。因为大多数需要集中注意力的目标都是需要克服困难的，虽然结果可能是愉快的，但是过程都是困难的，否则也不需要控制注意力去解决。控制注意力，也就意味着要屏蔽无关刺激，这也要消耗大量能量。

如果只是无意识注意，则不需要耗费太多能量，而且是一种休息。就好像散步，看到任何让你感觉新鲜的事物，你都会感兴趣去注意，但是很快你的注意力又会被其他新奇的事物所吸引。所以，无意识的注意，既不需要屏蔽无关刺激，也不需要克服困难，只是让注意力愉悦自己，自然是一种休息，如图3-17所示。

所以，这一节开篇提到的那一类同学，看似在认真地学习，却没有学进去知识，实际上是在休息，他采用的是无意识

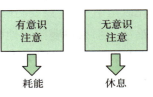

图3-17 两种注意

注意。他们大概率在观察老师的着装如何、老师写的字好不好看，或者闻到窗外的香气想着中午吃什么等。

但是，认真想想，我们又会发现，打游戏的时候，我们并不需要特意控制注意力，而是专注在升级打怪中（克服困难）。这是为什么呢？

（1）打游戏经过精心设计，把大困难分解成一个一个小困难，然后每过几分钟就有一个反馈，赢还是输，马上就知道。反观学习，至少一个月一次考试，也就是一个月才有一次反馈，时间长、困难多，而且脑力劳动的辛苦本身就远大于打游戏。

（2）目标设置的问题。打游戏，大多数都有自主设置的目标，什么时候要打赢几场比赛，达到什么级别，路径也都很明确。人的大脑就喜欢明确的东西，有安全感，所以也就不需要特别控制注意力。相反，学习很多时候不那么明确，学习就是要接触未知的知识，对于如何学好这些知识、如何获得好成绩，我们知之甚少，只能努力。但是这样不明确的前景，自然会让我们担忧、焦虑，自然很难集中注意力。

（3）游戏中的角色设计、动画、声音、操作等的丰富性、生动性都远大于课堂的学习，对注意力的吸引自然不是学习所能比拟的。

所以，看到这里，该怎么控制注意力，就很简单了，主要做到三点，如图3-18所示。

图3-18 控制注意力

首先，要给自己足够的反馈。

学了什么，就要让自己知道！我们的大脑有时候也很笨，你不告诉它你学了什么，它真的就不知道。所以，每天晚上统计一下今天学到了什么，有问题的赶紧问明白。时时刻刻都在进步，那不是很爽的事情吗？

其次，给自己设目标！

但是不要总是想着憋大招，要把大目标拆成小目标，每一小段时间就达成一个小目标。大目标在这个过程中也水到渠成。

然后就是书上的文字看起来太枯燥怎么办？一个办法就是找视频看，搜一搜网络上有没有生动的讲解。但是这也挺麻烦的，优质的教学课程真的很难找，有时候还得花大价钱。其实还有一个很好的办法，就是我们可以用自己的大脑呀！大脑是超级好用的图像化工具。把知识图像化，然后画出来，不仅增加了趣味性，还大大提高了对知识的理解。

最后，屏蔽刺激。

既然游戏那么容易吸引我们的注意力，我们为什么要让它在我们眼前晃悠？为什么让它一直来打扰我们学习？打不过还躲不起吗？我们卸载它，把手机锁起来，或者直接不用手机。总之，离它越远越好。

到这里为止，其实我们一直还没意识到一件事，就是，如果我们想要在一件事情上持续保持注意力，可以让多巴胺来帮忙。之前我们谈到多巴胺，知道那是一种能够让大脑保持兴奋的物质。

如果有多巴胺的加持，耗费一点身体的能量，就无关紧要了。千金难买我愿意。

超级棒的是，我们能够给自己安排什么时候分泌多巴胺。

肯定有很多同学不相信。那么接下来作者来给大家演示一下怎么做。

首先，想一想你想要提高哪一个学科的成绩？假设是数学。好的，那再认真想想，你现在想干什么？假设是打游戏。

发现了吗？你想要达到的目标，与你现在想要做的事是冲突的。

你猜，下一秒，你会做什么？

你可能会去学数学，但是你不快乐，不会分泌多巴胺，因为妨碍你去打游戏了。

或者你可能会去打游戏，分泌多巴胺，但是却无法达到你的目标。

那么该怎么做才能让学习数学分泌多巴胺？

答案很简单，就是现在、马上，调整目标优先级。

就在当下，把学数学的重要性排在打游戏之前。一想到打游戏，你就要想到，这会妨碍我学数学。正在打游戏，那么马上要意识到，这个游戏不是好东西，它是绊脚石，正在妨碍我学数学。你告诉自己最重要的事就是学数学，你不想打游戏。

反过来，你在学数学，你要想我正在做最重要的事情，我非常快乐。一旦有关于打游戏的念头，你就要告诉自己：我今天不会打游戏。

千万不要想学完数学再去打游戏。这样一想就完蛋了，因为数学成为横亘在你和游戏之间的绊脚石。所以，你一定要想：我今天不会打游戏，如图 3-19 所示。

看到这里，你知道核心方法就是：心理暗示！不断给自己暗示你最重要的目标是什么，不断打压妨碍你达到目标的那些无关紧要的事情。

正是因为你想要学习，才有多巴胺的加持，你在学习上的注意力才能持续保持下去。

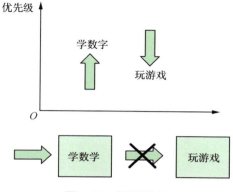

图3-19 摆脱游戏

3.8 打破规则:给大脑松绑

你有没有遇见过很奇怪的同学?他们不按套路行事,但是成绩出奇地好。比如,有位同学,高考全校第一,平时他做数学卷子是从压轴题开始做,写语文卷子先写作文。但是我们的老师从来都是告诉我们:从第一题开始做起,最后一道题放在最后来做。

我们在学习中会有很多规则,有的是学校、老师、家长帮你制定的,有的是你自己在实践中逐渐形成的。

但是,我们并不知道规则的真正价值是什么,我们常常盲目遵从规则,丧失了自己的个性。

> 💡 小技巧
>
> 规则的最大价值在于,尽可能保证个人与集体利益的最大化。注意,是尽可能。因为规则是人为有意无意制定的。我们从西蒙那里知道,人的理性是有限的,那么制定的规则也一定是有限理性的。所以,规则一定不是完美无缺的,甚至可以说是漏洞百出的,如图 3-20 所示。

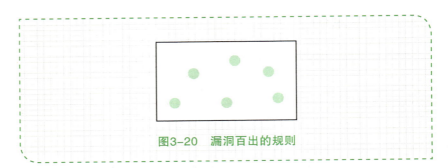

图3-20 漏洞百出的规则

这不是在否定规则的用处,它在很多情况下能帮助我们规避风险,让我们集中力量朝目标前进,提高效率和成功率。

但是,我们依然要有勇气审视规则、打破规则。为什么?因为,打破规则,利大于弊!

研究发现,2~10岁的孩子,每隔6~9分钟就会被父母敦促改变其行为。按照心理学家马丁·霍夫曼的说法,这些孩子每天就要学50项纪律,而每年就是15000项。

然而这些规则,父母自己都未必能遵守。

所谓言传身教,一个人说出来的话,如果不能在行为上得到验证,那么一定会被行为带来的反面教育所掩盖。

有意思的是,哈佛大学的一项研究发现,极富创意的孩子的父母制定的规则数,平均不到普通孩子父母制定的规则数的1/6。

没有意义的规则,如果存在,并不是无足轻重,而是会导致压力的产生。

比如,有老师布置作业"请在一张白纸上,默写你今天学过的化学方程式"。这句话有意义的规则就三点:默写,今天学过的,化学方程式。这三点之外的规则就没有什么意义,如果过分关注,则会引起压力。

有的同学过分关注"白纸",如果家里只有灰色的草稿纸,或者只有画横线的草稿纸,找不到"白纸"就会感到焦虑和压力。

还有的同学过分关注"一张"的数量,如果这位同学的字写得很大,或者方程式本来就很多,那么要想把这些方程式局限在一张纸上,同样会造成压力。

再有一些同学凭空产生一些规则:不能有涂改,一定要整齐划一,必须一次默写成功等,这些都是没有意义的规则,过分关注,则会产生压力。

一定要排斥压力吗?当然不是,但是我们学习本身就有压力了,为什么要被这些无意义的规则制造更多的压力呢?

你完全可以根据自己的条件和喜好来默写这些化学方程式,随心所欲即可,可以默写一次,也可以默写多次,错了订正就好。

你可以在旁边画出关于这个反应的实验装置,或者有关物质的想象图。还可以用不同颜色的笔来写,紫色写一个,红色写一个,绿色写一个,何尝不可?需要用多少张纸就用多少张纸,想用什么形状的纸都可以。你还可以用不同的方式排列这些方程式,比如竖着排、横着排、斜着排;从不同的角度排,化合反应一列,分解反应一列,复分解反应一列等。

注意,以上不是为你树立规则,而是打破规则,不是为了满足老师或其他什么人,而是为了满足自己。要判断是打破规则还是重新树立新规则束缚自己,关键就看你是不是感到自由!自由是规则的对立面,是没有压力的,是快乐的。

科学研究显示,人在快乐的时候,能感知更多的数据、解决更多的问题,并为采取行动想到更多的新点子。

当然,不是所有规则都要打破,我们需要审视这个规则是否应该被打破,从三个角度来审视,如图 3-21 所示。

(1)我们需要努力去理解规则。因为研究发现,家长给孩子解释规则远比直接要求规则更有积极的影响。所以,我们作为学

图3-21　审视规则

生应该尝试去理解规则是否有存在的价值。

这里所谓的有价值，就是思考某个规则对实现我们的目标是否有帮助？目标之外的不用考虑。

（2）觉得价值很大的规则就去遵守。价值不大的或者不知道有没有价值的规则，就大胆地去尝试打破。通过这样的尝试去发现是否有遵守的必要。

（3）如果发现打破这个规则，会损害他人或集体的利益，则不应该去打破。

我们来看一个例子，打破规则可能会带来什么样的影响。田径运动名将苏炳添曾经遇到瓶颈，100米一直无法跑进10秒，他选择打破自己的规则：改变了十年来右脚起步的习惯，变成左脚起步；从以前的快速度起步，改成慢速起步后期加速；再改变步幅、改变呼吸模式等。这些改变无疑需要付出极为艰辛的努力。但是，他冲进了10秒，打破了亚洲纪录。现在人称苏神！

所以，鲁迅先生说"从来如此，便对么？"

3.9　龟兔赛跑：先要有慢速度的积累

我们从小都知道龟兔赛跑的故事，现在来重温一下。兔子和乌龟比赛跑步，兔子嘲笑乌龟跑得慢，于是在那里睡大觉，自认为睡醒了再跑也能跑得过乌龟。而乌龟则很努力、很认真地比赛，专注于目标，最终乌龟赢了比赛。

在学习上也是这样吗？只要认真对待，只要努力，即使很慢，也能赢得比赛吗？

细细一想就发现不对！要是兔子提早醒了呢？它随便蹦跶一下不就超过了乌龟？看来还得靠运气呀！

但事实是这样吗？不是！我们忽略了一件极其重要的事，我们每个人都是可以成长的人,而不是一成不变的人。

> 💡 小技巧
>
> 在学习上,我们每个人都曾是乌龟,只是有的人从乌龟变成了兔子!要想真正赢得龟兔赛跑,就不要把成功寄托在别人的大意上,要让自己成长、变强,如图3-22所示。
>
>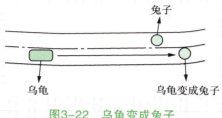
>
> 图3-22 乌龟变成兔子

有人不相信自己,看到别人学习快,就认为自己永远赶不上别人。这是错误的。

我们来看一个例子。

有一位学生,参加三次高考,前两次都失败,第一次英语只考了33分,第二次考了50多分,第三次考了90多分,终于考上了北大。上了北大之后,他把英语字典全背下来了,后来当了英语老师,再后来创办了全国最大的英语教育机构。这位学生叫俞敏洪。这就是典型的乌龟变兔子的例子。

再来看一个例子,有一位同学,看他高中都没怎么学英语,但是英语成绩总是很好,作者问他怎么做到的。他说,他初中英语其实非常差,经常考不及格,有一天他突然意识到要发奋努力。于是他全身心投入学习英语,把每一篇课文都一字一句地理清楚,然后背下来,开始非常吃力,但是他坚持把初中课本的文章都背下来之后,他就感觉学英语无比轻松。

所以,要变为兔子,是要努力吗?不仅仅是努力,我们还要努力让大脑"生成"新知识。

"生成"新知识有两种方式。

（1）把新知识输入大脑。

知识信息经过感觉器官进入大脑，然后被大脑加工，进入长时记忆。新知识就储存好了。

注意，这只是储存，并没有"生成"，就好像你获得了一个果实，但是这个果实被储存在了很奇怪的地方，好似被放置在空中，没有树，没有根，就那样飘着。下次你要找它的时候，你找不到了，不知道它飘到哪里去了，如图3-23所示。

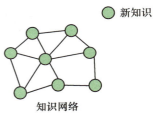

图3-23　无根的知识

那到底什么是"生成"？

我们每个人的大脑里都有巨大的知识树或者知识网，我们要想成为兔子，就必须让这新果实长在这些知识树上或结在知识网上，就好像它们是自然生成的一样。

具体过程就是，调用你的旧知识去思考，这个新知识怎么从你的旧知识中产生，如图3-24所示。

是不是很奇怪，新知识不是从外界输入大脑的吗？怎么要去思考如何来自旧知识？

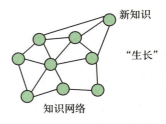

图3-24　生长知识

我们不妨想一个问题，为什么初中化学先讲"空气"这个知识？而不直接讲高中的勒夏特列原理？因为空气是我们大多数人旧知识的一部分，只有先讲跟你旧知识有直接联系的知识，才能往不熟悉的新知识递进，才能让知识之间产生联结。

有这样的联结之后，你下次要找到这个新知识，就能通过已有的知识树或者知识网快速找到它。

虽然这个联结已经生成，但是它还很薄弱，你需要通过复习和练习，让这个联结更加清晰和牢固。

（2）由旧知识直接产生新知识。

论语中"温故而知新"，本质不在"故"，而在"新"。作者以前想不通温故如何能知新。后来经过多次实践后才发现，是在接触更多的知识之后，再来温故，原先的知识与后来的知识可能会发生神奇的联系，并生成更多的新知识，如图3-25所示。

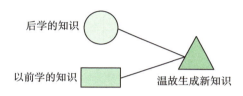

图3-25　温故而知新

又或者通过温故，你突然发现原先的知识之间有某种潜在的联系，这样的联系一经发现，就豁然开朗，产生有更高概括性的新知识。

所以，我们要意识到，学习的深度其实由两点决定：接收的知识量与大脑的活跃程度。

单纯快速地接受大量的知识，不是有效的深度学习。如果这样可以的话，我们只要天天刷足够多的短视频，就能成为天才了。

真正的学习一定离不开大脑的深度加工，这需要耗费时间。

到这里，肯定还是有同学不明白：我深度学习了，生成了新知识，怎么就变成兔子了呢？学习效率会提高吗？没错，学习效率会提高！

还记得前面我们曾经说过的"辨识网络"吗？辨识网络有一个能力就是"再认"。上述的知识树或者知识网络就是强有力的"辨识网络"，它越丰富，越能快速再认相关知识，使学习在极短的时间内完成。

所以明白了吗？你要做的是不断建设自己的知识树或知识网络。要建立这样的网络，你就得花时间。这注定了，你在学习的初始阶段要让自己专注地当好乌龟！学会深度学习，让知识产生深度联结，建立层次丰富的知识网络，然后，你就成了兔子。

所以，当你听说为什么有人能在3小时内看完一本6000页的书，有人能够一年看完200多本书，就不觉得意外了，因为他们都曾是专注的乌龟，现在成了兔子而已。

第 4 章

知识：了解我们学习的对象

4.1 知识边界：先有边界，再突破边界

我们看到一块石头，我们可以从中得到哪些信息？

从物理学的角度，可能会考虑它的密度、质量、导电性、硬度等。

从化学的角度，可能会考虑它的化学成分、晶体结构、是否能被**酸碱腐蚀**等。

从生物学的角度，可能会考虑它表面的微生物群落、可能的生物化石、岩层结构及其演化的土壤等。

这些是关于这块石头的所有信息吗？当然不是！

所谓"一花一叶一世界"。

同样地，一块石头就是一个世界，它所蕴含的信息无穷多，如图 4-1 所示。

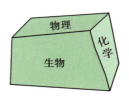

图4-1 一块石头

这意味着什么呢？

> 小技巧
>
> 意味着，这极其复杂的世界有无穷多面，不同学科的知识，只是分别从不同的角度，对这个世界进行简化的解读。

有意思的是，这世界的多面性以及学科边界的划分，只不过是为了方便人类的理解而人为设定的。

所以你就会发现一些看似可笑的场景：经济学诺贝尔奖授予了"政治学家"西蒙；诺贝尔化学奖成为所谓的"理综奖"；还有探讨"核聚变"究竟是物理变化还是化学变化、到底什么是有机物之类的问题。

你就能够发现，原来，人为划分的知识边界总是那么薄如蝉翼，轻易被现实戳破，你还要缝缝补补。

为什么会出现这样的情况？

因为人类的大脑是有限理性的！如果不设定知识边界，如果不对知识进行划分，知识就变得模糊，大脑会在无穷无尽的学习和思索中迷失方向。

作者相信大家从小都有过这样的疑问：宇宙的边界在哪里？随着这个问题的提出，我们的思绪便在宇宙的无限远处翱翔，试图找出宇宙的边界。当发现无法找到时，会有一种突如其来的不安袭来。只有停止这样的思考，回到周边有边界的事物上，似乎才能平静下来。

这似乎说明了，我们人类天生就喜欢把世界划出边界来，边界就是安全感，如图4-2所示。

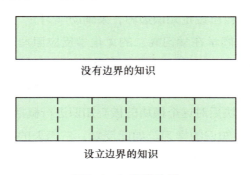

图4-2 知识的边界

我们要承认一点，就是知识本身是无边界的。物理和化学有界限吗？可以没有。化学和生物呢？同样可以没有。但是，划分出边界，划分出学科，却让我们有限的能力能够找到合适的发力点，让我们有限的理性找到恰到好处的理解对象。

说了这么多，这一节的目的就是让大家明白以下两点。

（1）知识边界，帮助我们理解知识。

边界意味着，我们暂时不需要考虑边界外的知识。给大脑充分的学习时间和空间，降低大脑负担，提高学习效率。

同时，这个边界体系内，会形成越来越成熟的语言体系。之前我们说过，语言改变思维。

比如化学，有属于化学的符号：化学式、化学方程式、微观模型、结构式等。

独特的语言塑造独特的思维，帮助我们更高效、更深度地理解这个领域的知识。

生物界也有类似的情形。很多很多年前，澳洲大陆漂到南半球后，与北半球大陆上的生物有巨大的差异，原因就在于边界产生后，各系统独自发育，生成了适应各自环境的独特生物。

所以，我们深入学习哪一科知识，就能形成哪一科的学科思维。深入学习多个学科，就能形成多个学科的思维。

我们还可以自己设定知识边界，来辅助学习。

比如有一位同学在学习高二的《化学反应原理》这本书时，根据目录，以及自己的经验和老师提供的信息，把这本书划分出几个相对独立的学习模块，并分别划定了大概的学习时间。

学完一个模块后对这个模块的核心知识进行概括，然后休息。再进行下一个模块知识的学习。如此反复，三四天的时间，就把这本书的核心知识粗略学习了一遍，效率极高。

（2）打破知识边界是自然而然的。

当我们在某一个学科深入学习的时候，自然会发现这个学科的局限性，自然会出现打破边界的情况。

我们自然会发现原来"有机物"与"无机物"的边界没有那么清晰；原来"溶解"不仅仅是物理过程，也可能是化学过程；原来化学pH值用的是数学上的对数公式计算等。

这个时候不必恐慌和焦虑，因为我们知道知识本来就是没有边界的，拥抱这种突破边界带来的好处与新认知。

我们甚至应该主动突破边界，找到知识之间的联系，破除偏科带来的局限性，如图4-3所示。

图4-3 设立边界并打破边界

西蒙在这方面就很有发言权,他从不拘泥于学科划分,他不仅自己勇于打破学科的界限,成为跨学科专家,同时积极推动任职单位打破学科界限,开展跨学科交流。

有一位同学也从这个道理中获益颇丰。他原来很喜欢化学,却不喜欢数学和物理。后来化学学到深处才发现,原来化学学科离不开数学和物理。于是他积极学习数学和物理,这不仅帮助他的化学成绩更上一层楼,也使他对数学和物理有了更深的认识,且不会再简单地作出喜欢与不喜欢的评价。

所以,学习上大胆一点,不要局限于别人设定的边界,主动去利用这个边界,打破这个边界,会很有收获。

4.2 知识组件:该背的要背

很多同学某一科学习落下很多,再去学的时候,发现看不懂,所有的知识都像新的,找不到学习的快乐,要记、要背的东西太多了。

还有一种情况与之类似,就是新的一个科目,涉及的新知识太多,记不住,也很难受。

我们对于新的事物总是保持一种无知而畏惧的心态。

原因在于,这些新的知识没有旧知识可以联系。

比如我们学化学燃料时学到了碳,老师告诉你碳有还原性。如果你不是第一次接触还原性,你马上联想到之前学到还原性的知识:它可以把氧化物中的氧元素夺取过来。这样的联想,会让你很兴奋,印证了之前学过的知识的价值,也让你新学的知识得到迅速的理解和记忆。

但反过来,如果你第一次听说还原性这个性质,你会很陌生、很疑惑,需要老师不断地讲解举例,甚至直接让你记忆,总之要把它存储到长时记忆是比较艰难的过程。

> **小技巧**
>
> 所有学科都有一些需要直接记忆的知识,这些知识无法通过其他知识的理解而生成,但是却构成了学科的基础。

有的知识不能被理解,这是让人很不安的事情,但是事实确实如此。

不能被理解有两种情况:一种是现有的知识无法理解或无须理解;另一种则是目前你所学到的知识很难理解,以后学到更多的知识才能理解,如图4-4所示。

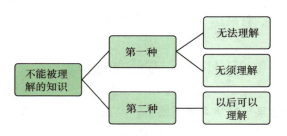

图4-4 不能被理解的知识

前一种比如,光速不变、光速的具体值、暗物质等无法理解、元素符号、英语字母、三角形内角和360度,这些无须解释。

后一种比如,初中化学遇到的复分解反应、氧化还原反应、金属活动性顺序,根据初中知识就比较难解释,而利用高中知识就能得到一定程度的解释。

所以为什么说万事开头难?原因就在于,新事物你得打基础。这基础叫0生1的过程。

但是一旦你有了这1,就可以生2,再生万物。

很多同学停在了0生1的阶段,该记忆的不去记忆,或者认为一定要理解了再去记忆,这都是不可取的。

没有汉字,如何来的词语,没有词语,如何来的句子。有了句子你就能写段落、写文章,广阔无垠的世界任你写。

作者把0生1阶段的知识称为初阶知识,把1生2或2生3的知识称为二阶知识。它们都是知识系统的组件,如图4-5所示。

之前我们说过,我们应该让新知识从旧知识中生长出来,但是初阶知识不同,它无法从旧知识中生长出来。因为初阶知识无法被理解或无须被理解。而且,初阶知识才是生长知识的土壤。所以,初阶知识的重要性不言而喻。

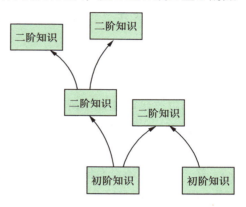

图4-5 初阶知识与二阶知识

我们可以通过以下两种方式让初阶知识比较好地固结在大脑中。

(1)刻意关联已有经验来记忆。这包括但不限于形象记忆、口诀记忆、情节记忆、类比记忆、宫殿记忆等策略。比如记忆金属活动性顺序,我们可以用口诀"嫁给那美女,身体细纤轻,统共一百斤"来记忆"钾钙钠镁铝,锌铁锡铅氢,铜汞银铂金"。

虽然这并不是理解性的记忆,跟之前所讲的知识生成有所不同,但是也有类似的地方,因为确实关联了已有的旧知识、旧经验,我们也可以称为"弱生成"。这样的弱生成对初阶知识的记忆很有帮助,效率很高。

(2)不断地重复诵读。这里讲的重复诵读跟复习有所不同。复习需要动脑、需要理解,而重复诵读是单纯的无脑诵读,就如同念经一样。

这样有效果吗？当然有效果！我们会很神奇地发现，不论多复杂的初阶知识，只要重复次数足够多，就一定能记住。就好像诵读经书的人，即使大字不识，也能对晦涩难懂的经书倒背如流，这就是重复诵读的威力。

这种记忆初阶知识的方式，很明显不是"生成"知识，也跟任何知识网络无关，但是记忆却异常牢固，只要记住了就很难遗忘。

这跟学会骑自行车后一辈子都忘不了的情况很相似，缺点就是需要花费的时间会比较长。

我们应该尽可能让二阶知识从初阶知识中生长出来，能理解的就尽力去理解。生成的过程，在3.9节中有详细讲解，这里就不再赘述。

有一个困难还没有解决，我们通常对新知识在感觉上"一无所知"，那又该如何去区分初阶知识与二阶知识呢？

有的初阶知识很容易识别，就是那种无法理解或无须理解的知识，比如数学上的"公理"或者"定义"、化学上的元素符号、英语字母等，明摆着告知你"去记忆就好了"，不需要找原因。如果你一定要去找出原因，那就是自讨苦吃了。

而那些只是目前无法理解以后可能理解的初阶知识，就比较难识别。比如上面提及的复分解反应、氧化还原反应、金属活动性顺序等。

当你对这个知识产生了疑惑的时候，你可以尝试用已知的知识去理解、去找出答案，这需要耗费一些时间，但是非常重要。如果找出了答案，恭喜你，生成了二阶知识。如果找不到答案，那么没有关系，把它"死记硬背"下来，让它暂时成为初阶知识。有疑惑便有疑惑，我们应该与问题共存。你不会吃亏，因为这个初阶知识依然能够帮助你生长出很多二阶知识。然后以后的某一天，你可能会惊奇地发现，这初阶知识可以被理解了，转而变成了新的二阶知识，如图 4-6 所示。

能理解便理解，不能理解就记忆，先把书学完，留下时间再复习，不理解的可能变成理解的。

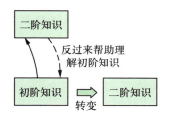

图4-6　初阶知识与二阶知识相互生成

4.3　知识细节：要不要钻牛角尖

有个同学说他考上了大学，但是呢，他想要复读一年，因为他认为他应该要把高中的知识完全学会，并且应用。

这种情况能做到吗？作者告诉大家不能做到。

如果把穷尽高中知识作为目标，还不如把清华、北大作为目标更加靠谱。

作者做了这么多年的化学老师，作者把高中的化学知识穷尽了吗？并没有！

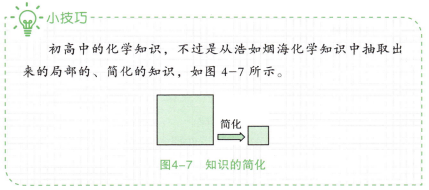

不仅如此，每一个知识点都有可能是几十篇甚至上百篇论文发展和总结的结果。如果你想要了解知识的全貌，这些论文都值得一读。但是，我们并不是要了解知识的全貌，这也是做不到的。我们只不过是要掌握教材课程的设置者给我们打包好的知识，你可以做一定的探索，但是不能有完美主义的思想。如果有完美主义的思想，必然会陷入对知识细节的无穷追问。

我们就把这种情况称为钻牛角尖。

特别是如果你把这种无穷追问设置为你的目标，你将永远无法达到这样的目标，也必然会陷入永久的失败。这是很可怕的。

但是当我们有疑惑的时候，不去解决吗？只能死记硬背吗？

4.2节我们讲过，根据知识是否能从以往的知识生成，可将知识分类为初阶知识和二阶知识。对初阶知识的追问，实际上就是钻牛角尖。对于二阶知识，我们尽可能地让它生成。

但是这有马后炮的嫌疑，我们刚接触到知识，如何知道能不能由以往的知识生成？我们必须进行思考，才能判断能不能生成。这个过程我们自然会陷入对知识细节的一种追问，就有可能陷入钻牛角尖的境地。

所以到底该如何防止钻牛角尖呢？

（1）在练习中学习。

在做题当中发现一种现象，我们常常感慨"原来是我自己想多了"，这个时候就意识到了哪些知识是重要的。

做题的过程中，你也可能发现对一些知识的理解不够清楚，这个时候我们再返回去理解，这也能促进我们把握重点。

细想一下，很多时候，我们在学了很多的技能，但是没有去实践之前，永远不知道哪个技能是关键。

比如怎么游泳？教练可能会告诉你很多知识，怎么划水、怎么踢脚、怎么呼吸。但是如果没有去练习的话，我们发现似乎他所讲的每一句话都是重点，我们要不断地去解读，我们会在这样的解读中迷失自我。

所以重点不在于我们有多全面地理解游泳这个动作，而是在有了一定的了解之后开始行动，去游，或者也可以游了之后再回来学。

在练与学的互动当中，我们就能逐渐形成对关键知识的理解和对细节知识的忽略，如图 4-8 所示。

当然，当你掌握了关键知识，也知道怎么去做题之后，如果你还有时间，你有自己的兴趣，可以去了解更多的知识细节。但是作者觉得还不如往后学习，更有价值。

图4-8　在练习中学习

作者遇到一位同学，他的数学有一次差点考了不及格，他很恐慌。后面呢，经过思考他认为他应该去做题，通过习题的训练，后面一次考试，他的成绩有了质的飞跃。

但是也有一部分同学，他们只是做题，而不去思考和解决知识理解上的问题。你会发现，他们很努力地刷题，却没有得到更高的成绩。

我们需要在完美主义和实用主义之间寻找平衡点。这说明了，我们就是要去做，同时要返回去思考。

（2）学会设置截断提问的办法，禁止无穷提问。

当我们问关于 A 的问题的时候，我们可能得到答案 B。但是我们还有关于 B 的疑惑，继续追问，我们可能得到答案 C。到这里我们如果不停止，继续追问下去，我们一定还能得到更多的答案和更多的问题，如图 4-9 所示。

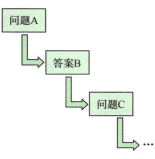

很多人说，学得越多，越觉得自己懂得少，原因也在这里。

所以，我们可以自己设置问题截断机制：第几次提问可以停止。

图4-9　无穷追问

比如第一次提问得到答案就停止，不再进行第二次追问。或者第二次提问得到结果就停止。有时候为了防止停滞不前，提问之后，得不到答案，也可以停止追问，留待以后来解决。

还需要解决一个问题，就是有的同学总是在考试之后来钻牛角尖，这种情况作者遇到过。很多他们钻牛角尖的本质，不在于理解知识，而在于验证老师有错，这是更错误的钻牛角尖。

我们的目的是理解知识和取得好成绩，而不在于证明老师是错误的。当然，有的同学会说，这两者不是一致的吗？既然能证明老师是错误的，那我也能提高成绩呀。但是事实是，很多同学只在乎证明老师是错的、自己是对的。他在乎的只是对错，而不在乎知识是否能够提升。因此，当考试结束，他仍然回归到不学习的状态。

这是我们要杜绝的。

总之作者不赞同钻牛角尖，不认同完美主义，做完一件事比做完美一件事更重要得多。

4.4 幂律定律：关键知识起杠杆作用

在考试之前，复习的时候，总是有很多同学说，怎么感觉书里面的每一句话都是重点，都有可能考到，总也复习不完，整本书都画满了线。

真的是这样吗？其实只是错觉。每一个知识点都是知识，但是知识的重要性却不同。如果到了复习阶段，还没有弄懂哪些是重点知识，那么就说明你没有真正应用过知识。

只要认真分析历年的考试卷，就会发现试题考查的知识点集中在某一部分上。这是出题老师、教材设置的老师、课程标准制定的老师的共识。也就是所谓的重点知识。

> **小技巧**
>
> 哈佛大学语言学家 Zipf 发现，只有极少数英语单词被经常使用，而绝大多数单词很少被使用。这个定律被称为 Zipf 定律或者幂律，如图 4-10 所示。

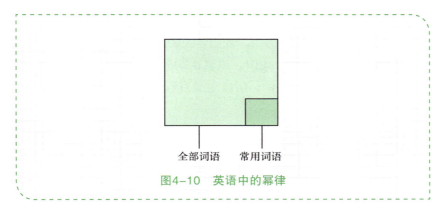

图4-10 英语中的幂律

英语之外其他语言包括我们的汉语,都符合幂律。有科学家对诺贝尔文学奖获得者莫言的作品进行研究,同样发现其使用的词语的频率符合幂律。

不仅如此,社会学、经济学、生态学、地理学、计算机科学等都有大量符合幂律的现象。

回到学习上,我们考查的知识点频率,同样符合幂律。

作为一个有多年教学经验的老师,告诉大家,每年的考试卷有可能会有新的考点出现,但是所占的比例一定是少数,以前重点考查过的知识点一定仍然是现在重点考查的对象,如图4-11所示。

这不是出卷老师刻意为之,而是多少年考试过程自然形成的。

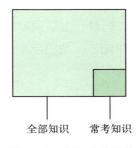

图4-11 考点中的幂律

那么我们是不是在学习新知识的时候只要关注高频考点即可呢?

这是个很有意思的问题。这不是要不要学的问题,而是要考虑先有鸡还是先有蛋的问题。

之前我们说过,先有初阶知识,再有二阶知识。那么大家可以判断一下,考试重点考初阶知识还是二阶知识?

当然是二阶知识!因为二阶知识才是我们学习的目标。

但是,在我们学习的初期,我们学习的知识总是很零散的、具体的。因为这些知识是初阶知识,或者由初阶知识生成的比较初级的知识。这些知识因为更具体,所以生成过程简单、学习起来很容易,有的甚至只要记忆就可以。

所以,我们会觉得要是只考查这样的初阶知识就好了。但是有一个明显的问题,就是这些知识太过零散,而且量大,学得越多,越难记忆。到后面,就有可能让你烦恼了。

更让人遗憾的是,这些初阶知识在考试中并不是考查重点,所以很多同学发现背了很多,却从来考不到。

这个时候同学们就必然会产生疑惑,既然不考,讲那么多干什么?作为学生,又该如何判断这些知识是不是重点呢?

其实,这就涉及刚才所说的鸡生蛋、蛋生鸡的问题。初阶知识与二阶知识的关系,是初阶知识生成了二阶知识,所以我们的初阶知识的价值是帮助我们生成二阶知识。复习的时候应该重点关注二阶知识。

但是,很多同学并没有意识到,当你真正生成二阶知识的时候,二阶知识可能已经帮你把初阶知识串联好了,如图4-12所示。

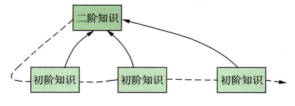

图4-12 二阶知识对初阶知识的串联

所以,问题不在于要不要重点复习初阶知识,而在于你有没有真地由初阶知识生成二阶知识,并重点复习二阶知识。

我们思考一下初中化学知识就知道,我们讲空气中的各种物质、讲氧气的制取、水的电解,最终都归拢到一个极其重要的知识上,就是化学方程式。

再比如我们讲酸、碱、盐的内容，最终指向的二阶知识是复分解反应。

再比如，我们讲各种金属，最后都指向金属活动性顺序。

高中知识同样如此，比如高一先讲各种金属和非金属的知识，最后引出了元素周期表。

反过来，我们可以用这些二阶知识，把学到的初阶知识都串联到一起，并且有了更深刻理解初阶知识的能力。初阶知识变成了二阶知识的产物，由二阶知识反过来生成，初阶知识也不再是初阶知识（当然不是所有），形成了新的二阶知识。

这也就是"温故而知新"。

超级厉害的地方在哪里？就在于这"温故知新"上！一旦你生成了二阶知识，它就统领了那些看似无关的、零散的、大量的初阶知识。真的就能做到窥一斑而知全貌。这样的二阶知识就是关键知识。

所以那些零散的知识还重要吗？并没有那么重要了。考试还会考吗？当然有可能，但是重要性低、频率低，而且你有了关键知识作为武器，也不用害怕了。

有的同学总是问："学习这些有什么用？"

就好像我们去爬一座从来没有爬过的山，你在艰难的时候说，山上有什么好看的。如果有人告诉你很好看，但是你依然感受不到，那么只有你真正爬上了山顶，见到了风景，才知道有多美。

学习初阶知识，或者初级的二阶知识，常常不知道有什么用。只有到了最后关键的时刻，你可能才会感慨，原来是想讲这个！别人或老师告诉你学习这个酸碱盐知识可以在最后看到"复分解"。你根本不知道复分解意味着什么，从来没有学过，又如何能明白？

知识这种东西，跟其他事物还很不一样，未曾认知，真的不知道它的魅力！所以往上爬，才能见到真正的风景。

4.5 归纳演绎：大脑学习知识的逻辑

爱迪生发明电灯的经历，大家可能都听说过，他为了找到合适的灯丝，试验了 1600 多种耐热发光材料，最终才找到比较合适的钨丝。

汉朝时期，有位政治思想家王符，他所写的《潜夫论·明暗》中有一句话："君之所以明者，兼听也；其所以暗者，偏信也。"

从中可以看出，我们不管是做研究还是做决策，都需要一个很重要的过程，就是收集信息和试错的过程。

我们仔细回顾一下，我们在做题时，特别是难度较大的题目的时候，会有怎样的一个思考过程？是不是在大脑里面搜索各种可以用到的知识，然后进行尝试，如果错误，则换一个知识，再来尝试，最终找到一个正确的论证过程。

在数学上，我们把推理分为两种类型，分别是演绎推理和归纳推理。

所谓的演绎推理呢，就是由一般性的原理通过逻辑推断得到具体个例的情况。归纳推理呢，就是从众多的材料当中总结出一个规律来，如图 4-13 所示。

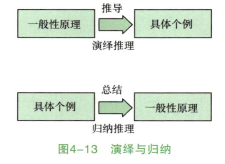

图4-13 演绎与归纳

> **小技巧**
>
> 西蒙认为，我们人类在解决问题的时候，书面表达不论是要求为演绎推理，还是归纳推理，人类的心理过程都一定是归纳推理。

再解释一遍，归纳推理就是不断地搜索、收集信息，总结出有价值的信息，然后利用。即使要求进行演绎推理，也是经过归纳，把合适的知识放置在演绎推理的每一步中。

我们最开始举的两个例子，爱迪生发明电灯，还有君子做决策，都是归纳的过程。

讲这个有什么价值呢？就是要告诉我们学习知识的过程是怎样的。

比如，如果只是给了你一个新的数学公式，然后对新的字母稍微做一个解释，那么我们马上就能学会了吗？这是很难的，因为我们的思维过程不是这样的。

应该根据我们大脑的认知逻辑，进行学习安排。应该要有大量的例题，然后经过我们大脑对例题的提炼，得出关于对这个公式的理解。

但是在教材编写和老师授课的过程中，会出现很大的问题，就是我们人类总是希望节省自己的力气，叫作省力原则。那么，既然我能够用一句话表达一个知识，我为什么会用更多的论据去论证它呢？所以你会发现很多教材非常薄，知识密度非常高，而讲解过程非常省略。

讲课老师同样如此，都是尽可能地把时间压缩，认为把知识表达得很清楚了，他们认为这样也是节省学生的时间。

但这是错误的，从省力原则来看，学生接收信息的最省力的方式就是老师把知识讲得很仔细、很清晰。这就必然需要很多的例子、很多的论证过程去表达，如图4-14所示。

图4-14 省力原则

很显然，这就产生了矛盾。

作为教育者，我们一定要认识到学生才是学习的主体，所以作为老师，如果要作出改变，一定是不要那么省力。

反过来，我们作为学习者，遇到了省力的知识传授情况，我们该如何作出改变呢？最重要的方法就是找出更多的例题和习题去训练自己，从中抓取有价值的信息，帮助我们去更深刻地理解知识。

千万不要认为，做习题就是对我们知识的测试，并不是这样。做习题是反过来对知识的更进一步的认知，并不是学习的结束，我们仍然处于学习的过程。

有的老师开发了概念学习法，而且效果非常好，很多同学通过这个方法使成绩提高了很多。那么这种学习法与归纳学习有矛盾吗？没有矛盾。

当出现一个概念的时候，老师要做的并不是不断地强调这段概念中的每个关键词，而是不断通过各种举例，来验证关键词的价值，以及这个概念在不同条件下的应用。所以认真听老师讲概念，你就会发现老师是在不断地用归纳的方法帮助我们理解知识，如图4-15所示。

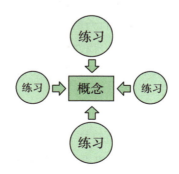

图4-15 从练习（或例题）中归纳出概念

相对而言，有的老师呢，虽然讲了概念，也强调了关键词，但是没有通过举例去验证。或者让学生做了大量的习题，但没有时刻去回归概念，就导致两者没有联系到一起，所以学习概念没有帮助做题，做题也没有帮助认知概念，效果就会不好。

有的同学在教低年级的学弟学妹学习时，会有这样的体验，这么简单的知识他们怎么就听不明白呢？你耗费了大量的口舌，却没有任何的意义。再回顾自己以前的学习过程，以前自己也学得很吃力，但是现在又感觉很容易。

为什么会有这样的体验呢？原因就在于我们已经经历过大量的例题、习题的训练，反过来已经对概念进行了深刻的理解，当然就觉得很容易了。初学者没有这些归纳经历，自然很艰难。

4.6　自动化：知识的压缩与概念化

很多人都有这样的一个发现：越长大，时间过得越快哦。小时候感觉一个暑假很漫长，但是长大了之后发现暑假的时间真的好短，为什么会出现这种情况呢？

我们来思考一个问题，从家里走到学校，这个路程大家想一下，你刚开始走这条路的时候是什么样的感受？然后走了几年之后，再走这一条路有什么感觉？

开始你肯定对这一路上的每一个商铺、红绿灯、公交站，甚至每一棵树、每一株草都很有兴趣。这一路走过去，觉得这路还蛮漫长的，如图4-16所示。

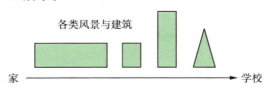

图4-16　从家到学校的风景

很长时间之后，你对这些东西都已习以为常，你低头玩手机，再抬头，你已经到了学校。这时候，你会发现这条路很短、很快。

发现了吗？就是当你对这一路的事物都已经习以为常之后，时间就过得非常快。

我们小时候，由于对身边的所有事物都感到新奇，时间就过得非常慢，而当我们对身边的事物都很熟悉之后，时间就流逝得非常快。

这个过程叫认知的自动化。看到一个事物就能想到后面的事物是什么，注意力不用停留。

什么是时间呢？时间就是包括你自己在内的周边的所有事物的运动。

但是当我们对周围的事物以及我们自身的运行规律都已经非常熟悉之后，这一切事物的运动都已经自动被我们大脑忽略，我们能够完全适应而不出现任何的意外，也不会感到什么新奇。

也就是说，所有事物都在运动，时间也在流逝，但是却无法引起我们的注意，因为这一切都已经自动化了。正是因为这样的自动化让我们无法感知时间的流逝，所以就感觉到一眨眼时间就过去了。

不仅是感觉时间变快了，而且我们行动的速度也变快了，我们省略了思考的步骤，直接通过行动达到目标，节省了时间。

这对于我们的学习很有启发。

> 💡 **小技巧**
>
> 研究表明，专家与新手的区别在于，在专家所在的领域，专家的技能是自动化的，反应速度是极快的。所以从新手成长为专家的本质就是技能自动化的过程。

我们要厘清楚一个概念，就是我们学到的知识并不是简单地知道"这是什么"的知识，而是要通过理解来认识这个知识。

理解是过程性的,是动作。同时,运用知识来解题,也是过程性的。既然是过程性的,我们就都可以让它自动化。

如何自动化呢?有两种方法,如图4-17所示。

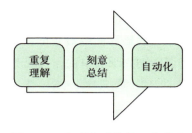

图4-17 实现自动化的两个方法

(1)不断重复"理解"这个过程。

就好像我们不断重复地走从家里到学校的这条线路,途中的景色逐渐变得熟悉,最后实现自动化。

自动化的结果就是,"家到学校"这个短语已经包含路途中的所有信息,在我们的大脑中,这些信息被压缩形成了一个知识块,或者说"概念"。

我们即可以根据"家到学校"这个概念,自动地,几乎不用思考地,从家里走到学校。

如果有需要,也完全可以在大脑中把这个"家到学校"所包含的路途信息展开。哪个地方有商铺,哪个地方有红绿灯,哪个地方有公交站,哪个地方有树木,一清二楚。

所谓"理解"知识,就是我们要学习概念 b,概念 b 可能由知识 a(或更多知识)生成。我们要做的就是思考这个过程是怎样的,厘清陌生的地方。这一步,其实需要耗费心智,尽很大的努力。

有的同学会认为,理解了一次,就等于真的理解了。实际上不是。

需要多次进行这样的理解,它才会实现自动化。自动化之后,再看到概念 b,我们会一瞬间知道它所有的内涵。我们既可以快速准确地运用它,也能随时在需要的时候展开它的内涵。

比如,我们现在很容易就知道 3×5 =?答案是 15,我们几乎不用思考,因为已经自动化。

如果让我们展开这个乘积的原理,我们可以说,是 3 个 5 相加,或者说5个3相加。

这就是我们经过长时间地学习加法规律和乘法规律后，把这些知识压缩为乘法口诀，实现的自动化。

(2) 通过刻意归纳总结生成概念。

做题，是运用知识。

很多人不知道这个过程也是可以实现自动化的。

做题的复杂性在于，一道题可能考查不同的知识点，或者一个知识点可能用于不同的考题，并不是一个知识点对应一道题。所以，简单地重复做一道题并不足以形成有价值的自动化。

所以该做的是，在做过较大量的题目后，把一些有相似特点的题目归纳到一起，总结成一类题型，这类题型有相似的知识点运用、有相对一致的解题技巧。

然后给这类题目或解题技巧起一个名称，也就生成了概念。

由于这样的总结归纳是刻意为之，并且有大量做题作为基础，这样自主生成的概念就很容易自动化。

比如，到了高中，氧化还原反应的配平比较麻烦，但是经历了大量的配平过程后，我们可以总结出一些配平技巧，也就是生成了新概念，包括"正向配平法""逆向配平法""整体配平法""零价配平法"，还有"待定系数法"等。

下次遇到属于这些概念下的方程式配平，就能够快速自动化地完成配平。

有很多同学去背解题秒杀大招，有价值吗？如果你没有理解这个大招是怎么来的、怎么实现的，也没有不断地练习，就没有真正进入自动化。

所以，在理解的基础上再去记忆秒杀大招，有可能是锦上添花。

相反，如果只是单纯记忆就没有意义，甚至是有害的。

最让人担心的就是，你以为背了这个大招就等于理解了这个知识，其实并没有。很有可能题型一变化，你就做错了。或者让你解释原因，你就不知道了。

4.7 知识内化：相信是学会知识的前提

你有没有过这样的经历？老师提问你昨天上了什么内容，你发现你什么都讲不出来，你支支吾吾很尴尬。

为什么会这样呢？我们确实听了昨天的课，为什么我们讲不出来学了什么东西呢？

有可能是因为我们没有通过自己的知识来生成学过的知识。但是还有其他的更重要的原因。

> **小技巧**
>
> 当我们认为自己没有学会知识，我们就真的没有学会知识。即使我们已经理解这个知识，但是由于主观上不信任这个知识，或者不信任这个老师，或者不信任自己，都会导致自己没有学会。

有科学家做过这样的实验，用同一块热板子去烫多位被实验的人员，这些人在被烫之前先要预测板子的温度。结果发现，预测温度低的人真的觉得没那么烫，而预测温度高的人则感觉更烫。这就是一个人信念的不同，会导致结果的不同。

广义的学习被认为是指人与动物在生活过程中凭借经验产生的行为或行为潜能的相对持久的变化。关键词是，"行为"的"变化"。

所以，学到知识，等于要对自己的行为造成影响。如果我们不信任，就不会去使用这个知识，行为上自然不会作出改变，就不会产生真正的学习。

这种不信任分为三个方面，如图 4-18 所示。

（1）对自己不信任。

有的同学即使已经学过了知识，也理解了知识，但是仍然不断地求证自己的理解是否正确，或者怀疑自己学到完整的知识，始终处于自我怀疑中。又不敢使用知识去做尝试，去验证是否正确。

也有的同学认为自己应该做到全知全能，才去运用和表达，否则就没有学到知识。这都是错误的。

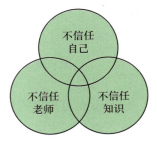

图4-18 不信任的三个方面

我们不是专家，我们是学习者，不要着急把自己变为专家。我们是通过学习慢慢变成专家的，但这需要十几年甚至二十几年的过程。所以我们完全可以在错误中学习，不要担心说错话、写错题。

每次学习完后，我们可以尝试在一张白纸上写下所学习到的内容，尽可能去想，即使是不完整的，可能是不正确的，都可以写出来。写完后再对照笔记或者书本去看自己写的内容。这样的过程中，你会发现我们的大脑并不是空白的，学到的东西比预想的要多得多。作者把这样的方式称为默写回顾法。

（2）对知识不信任。

有的同学不喜欢化学，认为化学知识不过都是经验知识，不是真理。有的同学不喜欢数学，认为自己只要能用加减乘除，能在菜市场买菜就足够了。有的同学直接否定了整个基础教育的知识，大言不惭地认为这些知识不过是应试教育的产物。还有的人云亦云，觉得教材编写得就像垃圾。这些都是对知识的不信任。

在这样不信任的基础上，你还能认真学习知识吗？还能指望通过学习知识来改变你的认知和行为吗？作者觉得很难。一旦遇到困难，你就会有意无意地把这所有的困难都归结到上述的问题当中，自己则很难通过努力做出改变。

不同的学科知识有不同的学科语言，自然有不同的学习方式，你可能对有的学科语言不是很擅长,但这绝不是否定这些知识价值的理由。我们是学习者,克服对某一学科的不擅长,本身就是成长的一部分,不克服困难,如何成长呢?

再有,语言天然有局限性。语言是对空间和思维概括性的表达,一定是简约的、不完整的,而且是可能产生歧义的。你可能在某个具体知识概念上发现了这样的局限性,这是你针对这个知识,在认知上的一次突破。但这不能作为你反对知识的理由。因为你需要经历这样局限性的认识,才能有相对更不局限性的进步。可能比较晦涩,意思就是你可以为你的发现而高兴,但不能消极否定。你可以自己尝试更准确的表达,你才会发现其中的困难。

很多时候我们喜欢某一件事,很可能是因为讨厌其他事情。而讨厌其他事情的原因,可能仅仅是某个环境让你主观认为这个事情应该被讨厌,然而并不应该被讨厌。

所以我们需要摆脱那些给予你消极刺激的环境,远离那些总是贬低某个学科、贬低基础教育、贬低学校的人,给自己更多的积极的心理暗示。

(3)对老师不信任。

这种不信任也是很致命的,有太多的同学会直接因为讨厌某个老师而讨厌这门学科,结果就是这门学科的成绩一蹶不振,对自身未来的发展影响深远。

为什么会这样呢?因为一旦你不信任这位老师,那么你就会用极其苛刻的眼光来审视他的教学。是人就一定会有毛病,即使是非常次要的毛病,那也是对你的不信任的验证,"你看吧,这个老师就是这么糟糕!"结果就是,你对他教授的所有知识都产生怀疑。这种情况下,你还可能从这位老师身上学到任何有价值的知识吗?

当然,作者不是说这就是学生的问题,反而大概率是老师的问题。我们应该做的是,理智地区分对老师的喜好与对学科的喜好,尽可能降低自己的损失。毕竟未来是自己的。

第 5 章

障碍：对可能遇到的问题设计预案

5.1 消除成瘾：戒除成瘾和预防成瘾的方法

《这书能让你戒烟》中认为戒除烟瘾需要杀死两只"毒虫"，一只"大毒虫"就是心理上对吸烟的依赖；另一只是"小毒虫"，即尼古丁上瘾。

尼古丁上瘾其实是非常轻微的，这种毒瘾本身不会影响生活，可以随时戒除，一般三周以后毒瘾就不存在了。

然而真正让人难过的是心理上的上瘾，对吸烟这个行为的依赖：饭后来一支烟，上卫生间来一支烟，睡前来一支烟，应酬时来一支烟……似乎没有这一支烟，这些事情都不完整。

其实"小毒虫"只不过是仗着"大毒虫"狐假虎威，所以只要在心理上把"大毒虫"杀死，戒烟就会变得很容易，如图5-1所示。

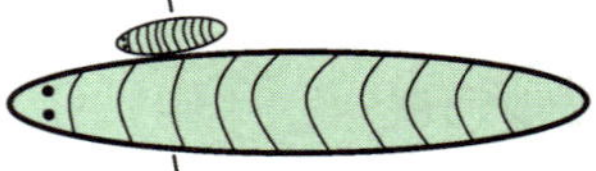

图5-1　烟瘾中的两只"毒虫"

> **小技巧**
>
> 戒除成瘾，首先是在心理上杀死成瘾的"毒虫"。从认知上认定，不做这件事不仅没有任何坏处，而且只会让生活变得更美好、更自由。然后，在行动上立即停止就可以了。这种方法叫"马上停止法"。

所以，戒除烟瘾，就是先要意识到吸烟有害健康，还需要从心理上认定不吸烟将使我们拥有更自由、更舒适的生活：饭后不吸烟也可以享受饭后的悠闲时光，睡前不吸烟也能拥有高质量的睡眠，在卫生间不吸烟也能很顺畅地方便，社交时不吸烟也能很好地交流……所以吸烟百害无一利，不吸烟百利而无一害。

明白上述道理后，停止吸烟那一刻起就成功戒烟了，不需要经历什么艰难的过程。

切忌循序渐进戒除，一定是马上停止，才有效果。

其他成瘾都可以通过马上停止法来戒除。比如手机成瘾、游戏成瘾、熬夜成瘾、购物成瘾、小说成瘾等。

有一段时间，作者总是熬夜，白天很忙，晚上感觉有了自己的时间，应该休息一下，所以就去刷短视频、看新闻，想着就玩一小会儿，然后就休息。

但是事与愿违，作者总是会被某些信息吸引，一玩就到十一二点钟，玩得很疲惫不说，第二天起来也是完全没有精神。很想停下来，可是每一天都不知不觉地继续熬着。

于是，作者把马上停止法用到戒除熬夜上。

首先，在心理上认识到熬夜没有任何好处，并不会让作者得到休息，而停止熬夜一定会让作者好好休息，还会拥有一个美好的明天。

然后，行动上马上停止熬夜，马上睡觉。结果效果出奇地好，每天晚上都能早早入睡，第二天充满活力。

后来，作者把这个方法用在了吃饭看手机的坏习惯上，戒除效果也非常好。

《孟子》中讲过一个故事叫《攘鸡者强辩》，孟子说："现在有个每天偷邻居鸡的人，有人告诉他说：'这不是君子应有的品德。'偷鸡者说：'请允许我减少偷鸡的次数，（先）每个月偷一只，等到明年，就停止不偷了。'如果（他）知道偷鸡之事不合道义，就应赶快停止下来，为什么要等到明年呢？"孟子的方法就是"马上停止法"，这样才会有好的效果。

如果按偷鸡贼的方法来，逐步减少偷鸡的次数，其实是饮鸩止渴，让偷鸡的欲望越来越强烈。

想想看，如果是你，本来马上就能得到的某件似乎能让你非常快乐的东西，却让你等一个月或一年，那是多么煎熬，越抑制反而越强烈。

有人做过实验,让参与实验的人"不要想象一只白熊",然而听到这句话的人都会难以抑制地想到白熊,满脑子都是白熊,如图5-2所示。

所以,不应该逐步减少,也不是抑制欲望,而是从心理认知上杀死"毒虫",再直接停止做这件事。

我们需要警惕的是,有时候看上去很健康向上的行为也有可能成瘾,比如学习成瘾、运动成瘾、工作成瘾等。

图5-2 不要想白熊

如何区别成瘾和良好习惯呢?作者认为成瘾有以下几个特征。

(1)感觉没有它就无法生活。

(2)冲动很强烈,自己无法控制去做这件事。

(3)情绪被这件事所左右。

而良好习惯则有以下特点。

(1)这件事让我有很美好的体验。

(2)这件事在我的掌控之下。

(3)这件事情和我生活中的其他事情和谐共存。

这两者很重要的区别就在于"自由感",成瘾是被控制,没有自由;而良好的习惯则会让你感受到自由,我们常说的"自律即自由",其实就是这种情况。

要想防止成瘾,就需要知道成瘾的两个重要原因,如图5-3所示。

图5-3 成瘾的两个原因

第一，逃避主要问题

把心思和时间花费在主要问题上，其他事情就会变得不重要了。比如你把心思和时间花费在学习上，自然会把游戏忽略，学习的快乐能很好地替代游戏的快乐。相反，你如果躲避学习，就可能把心思和时间花费在游戏上，利用游戏上的快感来分散注意力，减少没有学习的压力，长期如此就会形成游戏上瘾。

同样地，如果我们利用学习来躲避人生的重大问题，也可能会造成学习上瘾。我们应该直面人生的重大问题。比如有人用学习来躲避工作，不如直面工作，你会发现工作并不艰难，工作之余依然能够学习。

再比如有人用学习来躲避自卑，不如直面自卑，你会发现任何自卑的原因不过是对这个原因的认知，只要对这个原因赋予积极的认知，自卑就不存在了。

第二，急功近利。

认真想想，我们会发现，很多成瘾都与急功近利有关：我要马上写一篇满分作文、下次考试我一定要拿到优秀、我要一星期内就把字练好等。

但是当我们短时间内用尽全力也没有达到目标时，就很容易焦虑、烦躁，接着就可能会选择放弃，转头去找一些廉价的快乐，如打游戏、看小说、刷视频等。

这些快乐廉价易得，来得快，正好符合急功近利的心态。这种快乐当然也去得快，你需要继续打游戏、看小说、刷视频来把这种快乐续上，久而久之就上瘾了。

我们应该认识到很多重要的事情都是循序渐进的，逐步做好，渐入佳境，快乐自然就会源源不断。

5.2 意志起伏：把意志力用在对的事情上

每个人都有意志力很强的一面。

有的人坚持学习，即使有时候学习很艰难；有的人坚持玩某一款游戏，即使总是输；有的人坚持追星，即使这个明星有很多缺点。

每个人也有意志力很弱的一面。

有的人学习两天遇到困难就不学了；有的人玩游戏输了就没有了兴致；有的人对这个明星腻了马上换一个追。

以上情况完全可能出现在同一个人身上，如图5-4所示。

是什么让他们的意志力时强时弱、起伏不定呢？作者认为是希望。你希望越强烈，意志力就越强烈，对困难越藐视，行动越坚决。相反，希望越弱，意志力就越弱，对困难越害怕，行动越迟缓。

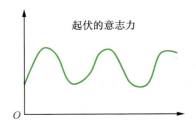

图5-4　每个人都可能意志起伏

比如当你急需赢得一场游戏来晋级，你会害怕总是输吗？不会的，你会越战越勇，直到晋级的那一刻。

如果你只玩游戏放松一下心情，不在乎输赢，玩着玩着你可能因为某个重要的事情就挂机了，不管队友怎么骂你，你也不在乎。

有了强烈的希望，有了强烈的意志力，就一定能把事情做好吗？不一定。

有一位同学，他很想把学习成绩提上去，每次都很强烈地表示这次一定要好好努力，然后他确实发愤图强，靠着意志力起早贪黑，坚持了一段时间后，坚持不住了，就想要放松一下，玩一下游戏，这一放松就放松了很长一段时间，成绩又回到了原点。

我们可以看到这位同学是有强烈的愿望的，也有很强的意志力，但是他的成绩为什么总是提不起来呢？原因就在于意志力会消失。

> 💡 **小技巧**
>
> 我很认同一种说法,意志力是一种宝贵的资源,既然是资源,就会有消耗完的时候,消耗完了就没了,但也不是不可再生,需要重新储备,而储备需要时间。

所以我们如果想要用意志力去完成一件事情,开始会有一定效果,但是如果一直耗费,效果就会大打折扣。那该如何解决这样的问题呢?我们可以采取及时储备意志力的办法。

意志力的储备主要有三个方面,如图5-5所示。

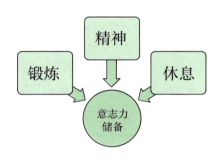

图5-5 储备意志力的方法

(1)锻炼身体,保证充足的睡眠,饮食健康,因为健康的体魄是意志力的重要来源。

(2)及时补充精神食粮,多看有价值的书,让自己有信仰、有希望,这样才会有力量。

(3)及时休息、放松、放空自己,最好的方式是接触大自然,让大脑以及全身的细胞得到充分的休息。这个时候不要去想学习的事,也不要耗费精力在娱乐上,有人觉得娱乐是放松,但作者觉得娱乐是消磨意志力的。

但是,我们无法否认,意志力容易被消耗的特点,使得在一些需要长期努力的事情上，意志力常常无法起到让人满意的效果。

那么，有没有更好的办法把需要长期努力的事情做好呢？

有！这个办法是从作者的学霸老婆身上发现的。她总是能把一些看似困难的事情轻轻松松地做好。

比如，她能把论语、孟子、庄子、楚辞以及红楼梦中的诗词轻易地背下来；她还会弹钢琴、弹吉他、唱歌；她还写得一手好字；她在学习期间成绩始终名列前茅，并且很轻松地考上了重点大学。

作者问她究竟是如何做到这些的，她总是很轻描淡写地说，这不是很容易吗。作者一直以为她只不过是凡尔赛，要知道作者尽了全力仍然是背书渣渣、五音不全、字如蚯蚓，当年高考更是费了九牛二虎之力，拼了命的，她不可能那么轻松做到这一切。

但是，在写这本书的时候，作者认真回忆跟她在一起生活的这些年，似乎让作者窥探出了奥秘：习惯！

比如她想要读论语，她就在早晨抽出一段时间，也就十几二十分钟，然后每天去读，遇到不懂的就查资料，逐渐就形成了习惯，一天不读都难受，日积月累，雷打不动，书上做满了笔记，一段时间后她就自然而然地把论语全都背下来了。

这个过程让作者惊叹不已，因为既没有感觉她很辛苦、很疲惫，而且她也没有表现出枯燥和焦虑，看上去是那么轻松、自然。

她用同样的方式读《庄子》《孟子》《楚辞》《红楼梦》等，也以同样的方式练声、练钢琴、练吉他、练字，都取得了很不错的效果。

她每天用的时间多吗？其实不多，就每天抽出一点时间做，逐渐形成习惯，日积月累就收获了很多，也并不需要大量消耗意志力，这就是习惯的力量。

习惯形成的开始阶段是需要意志力的，因为不适应，因为有困难，就需要意志力去克服，但是只要坚持一段时间，就会适应，形成习惯，形成习惯之后，就不再需要意志力。

当然，如果想要再提高一点挑战，跳出舒适圈，就又需要意志力来克服，重新塑造新的习惯。

所以，如果你只在考试之前用意志力去冲刺，那么冲刺结束之后，意志力耗完，就很容易陷入厌学的情绪中。

要做的是，循序渐进、游刃有余地利用意志力来培养好的习惯，进入一个良性循环，如图5-6所示。

图5-6　利用意志力形成新习惯

很多时候我们会把意志力浪费在克服没有必要的事情上。比如你正在学习，突然有同学给你打电话邀你一起玩一把游戏，这个时候你需要用意志力克服打游戏的诱惑才能继续学习。但是这个时候你满脑子都是游戏的操作、和兄弟们逆风翻盘的激情，学习的状态离你越来越遥远。这段时间你的内心是煎熬的，学习效果会大大降低。

经常如此的话，你会自然而然觉得学习是一件很困难的事、是不快乐的事。

那么，应该怎么做呢？

一方面，塑造相对隔绝的环境。把游戏卸载，把应用商店隐藏，学习的时候再把手机关机，然后锁到一个角落的柜子里。让诱惑很难触碰到你。

最好把手机上交，然后刻意远离那些会诱惑你的朋友。

另一方面，改变心理上的认知。不断给自己洗脑，"学习使我快乐""游戏想害我""我爱数学"等。可以的话，把这些话打印出来，贴在墙壁上，天天看。

5.3 压力转化：如何把压力转化为动力

有一位同学，学习压力很大，听不懂学校老师讲的课，但是其他同学却都能听懂。作业也做不来，效率低下，压力大到想哭。他认为是自己的学习能力太差的原因。

你会发现这位同学压力的存在，其根本原因是固定型思维，认为自己不行，而没有认识到自己能够发生变化。

知识积累得越多，学习知识的速度越快。先要当乌龟，才能够当兔子。

有人说有一定的压力可以使人奋进。

也有的人说压力太大则不利于学习，压力小就能促进人进步。

而作者认为，无论压力大小，都有可能是阻力，也可能变为动力。

> 💡 小技巧
>
> 压力分为两种类型：一种是临时性的压力，比如近期考试压力、被提问压力、演讲压力等；另一种是持续性的压力，比如持续自我否定、家境困难、远期考试等。面对不同的压力，我们要采取不同的方式应对，但都可以将之转化为动力。

（1）如何面对临时性压力。

有的同学考试时非常紧张，身体发抖，做题不知道从哪个地方入手。

这种情况下，如果不断地安抚自己，试图让自己平静下来，实际上没有什么效果，反而更紧张。

更应该做的是拥抱压力！意识到压力存在是正常的，把这种压力转化为一种兴奋状态。在这种兴奋状态下，你的大脑会飞速地运转，做题速度加快，准确率提高，如图5-7所示。

图5-7 将压力转化为兴奋

哈佛商学院教授艾莉森·伍德·布鲁克斯做过这样的一个实验：将参与实验的人分成两组，然后给他们两个相同的演讲任务。

在演讲之前，告诉第一组演讲者，不要有压力，让自己冷静下来。告诉第二组实验者，拥抱压力，对自己说"我很兴奋"。

然后让观众根据他们的演讲情况打分，会发现第一组演讲者表现远不如第二组。

除了认知上的这种改变，分享几个作者自己使用后觉得很有用的技巧。

首先，把目光转向自己，想象自己将来会成为非常厉害的人物，或者直接想象你就是那个让你敬佩的人物。那么，目前的这一点点困难都不再是困难，它只是你走向成功的一个垫脚石。

其次，在考试之前，让自己的血液循环加快。抬头挺胸，简单地运动起来，走路散步，甩动手臂，就好像上体育课之前的热身运动。

最后，不要想任何有关考试的知识，也不要去复习任何习题的细节。让自己保持一种所向披靡的状态，相信所有的问题都将迎刃而解。

每一次大考的时候，作者都能用这种状态让自己的成绩发挥到最好。甚至可以说，作者每次的大考都是超常发挥。

（2）如何面对持续性压力。

首先，改变认知。把压力视为可以利用的资源，比如把压力看作是挑战，用来激发斗志，而不是恐惧。要意识到，面对任何困难，我们要做的就是努力走出来。而这些所谓的困难不过是对我们努力的衬托。

"近代化学之父"拉瓦锡被送上断头台时,他做出的努力是,用这次死亡做最后一次科学实验:当我人头落地时,如果眨眼,则表示落地的人头还有意识。

其次,找到主要压力。

我们所感知到的压力,很多情况下,不是一个,而是很多压力的叠加。正是这样的叠加让我们身心疲惫。

找到主要压力,如果能解决它,其他压力会在很大程度上削弱,或者消失,如图5-8所示。

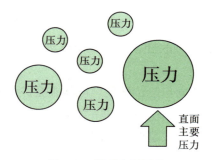

图5-8 找到主要压力

接着,既然压力可以视为挑战,那么我们就可以把挑战设定为目标,并且再拆解为一个一个子目标,然后根据子目标制订具体的实行计划。

有意思的是,有研究发现,一旦为目标制订了具体的计划,压力就会消解。

最后,就是根据计划把目标实现。这个时候需要保持专注,不要关注别人做了什么,而是关注自己在计划中的突破。我们如果能提前预测结果,包括好的和不好的,并且有相应的应对方案,压力也会大大减小。

比如说,你觉得成绩总是很差,给你压力很大。那么我们的挑战就是，在某一个时间段内把成绩提高。

然后，找出你觉得应该重点提高的学科，作为你突破的重点。

再针对这个学科制订目标和子目标，形成计划，落实到今天和明天要做什么。

注意，如果你想要在开始阶段迅速夺取一个小胜利来打开局面，那么就应该拿出一大块时间和精力来做一次集中突破。因为，总是被打断可能会让你觉得没有进展。

有了第一次的小突破，就形成了良性的开端，将会是很大的鼓舞，如图5-9所示。

图5-9 良性的开端

我国曾经引入一种植物，叫加拿大一枝黄花，开出来的花非常漂亮。它适应力极强，农田边、住宅附近、山坡、河边都能生长，即使环境十分恶劣，始终能疯狂汲取营养。因为太过疯狂，身影遍布大江南北，后来被归类为外来入侵物种。

在适应力上，我们应该向一枝黄花学习，希望每一位同学，不论身处何种糟糕的环境，都能努力汲取知识的营养，茁壮成长！

5.4 问题界定：巧妙提问，让答案浮出水面

有位同学加作者微信问："老师，学习化学有什么方法？"

学习化学的方法很多，作者说："这个问题问得太宽泛了，你是哪个年级，成绩多少？"

然后他说："高一，成绩差。"

作者继续问："你觉得你的化学是什么问题？"

答："化学方程式记不住，氧化还原反应配平不会。"

作者接着问他："你采取了什么措施，持续了多久？"

然后他说了声："谢谢，打扰了。"

就没有然后了，他把作者删除了。

作者不知道他是否明白作者的意思。他其实没有明确自己的问题。

> **小技巧**
>
> 很多时候,当明确了问题之后,解决方法就有了,如图5-10所示。
>
>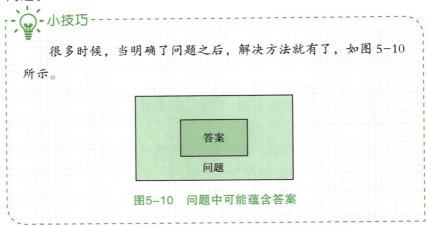
>
> 图5-10 问题中可能蕴含答案

明确问题有三个步骤。

(1) 意识到提出问题的目的是解决问题。

有的人喜欢向别人提问:"我该怎么学好化学?""我该怎么学好数学?""我该怎么学好英语?"

当提出这些宽泛的问题的时候,他可能不是真的想要解决问题,而仅仅是发泄学不好都是因为没有人告诉他该怎么学这样的情绪。发泄完之后,并不做出任何努力。

或者仅仅是希望别人告诉他一个一劳永逸的解决办法。然而,很多时候,解决问题需要付出持续的努力。

可能有的同学会说,我就是不懂得该怎么学啊,我很努力了,但是成绩始终不进步,我就是永远都学不会,我就是很差劲。越想越委屈,越想越难过。

这种情绪也是不对的,仍然不是真正想解决问题的心理。当你否定自己的时候,已经是作出不再去解决问题的选择。

无论处于何种困境,我们都应该相信自己能够走出来。

记住这句话:"不要害怕困难,我们只是还没有找到解决困难的办法 1、2、3…"。

这是作者刚上大学的时候,辅导员对我们说的话。作者一直认为这句话非常有哲理、非常有价值。它隐含了三层意思。

第一,明确了困难的存在。

第二,困难是可以解决的。

第三,解决办法一定是存在的,而且不止一个。

(2)具体化问题。

具体化问题才能找到有针对性且可行的解决方案。

问题空间过大,所隐含的信息就会无限庞杂。根据西蒙的有限理性原理,人类计算的能力是有限的,面对太大的问题空间,则会无能为力。

具体化问题的方法就是,仔细问一问自己,为什么提出这个问题?努力去找到是什么事情引发了你这样的思考,然后你会惊奇地发现,你的问题并不像你所提出来的那么宏大,也没有那么可怕。

比如,当你提出"该怎么学习化学"这个问题的时候,你要想想为什么提出这个问题。

有可能是这一次化学考试考差了。

再想一想这次考试具体错在哪里。

可能是化学方程式配平扣分太多。

那么你要解决的问题就是化学方程式配平。

当然,有可能不仅仅是化学方程式配平,可能还有化学计算、物质性质、化学实验等。

不管是什么,只要把问题具体下来,就大大减小了问题空间,才有可能真正找到可行的解决方案,如图 5-11 所示。

如果觉得问题太多,那么可

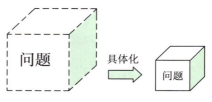

图5-11 具体化问题

以先找出其中突出的问题，先解决。

总之，要让你的能力有可能解决这些问题。

（3）问自己有没有解决方案。

这一步"问自己"很关键，学习上的问题的第一责任人永远是自己。

你如果不去思考解决方案，而把这个责任交给别人，那就是对自己不负责任。无论问题是由别人引起还是因为自己，都应该自己主导问题的解决。命运应该掌握在自己手中！

所以，这一步你应该问自己"我可以尝试哪一些方法""我可以咨询什么人""如果咨询没有效果，还有什么可行的办法"。

可以看到，以上的问题都是"我"在主动出击，即使是咨询，也是"我"对结果负责，并由"我"来实践。

经过上面三个步骤，很多问题都能找到解决方案。

但有时候，我们用了上面三个步骤，还是没能找到解决方案该怎么办呢？

那么我们可以尝试从另一个角度提出问题，可能会带来很大启发。

有个研究小组在研究汽车的安全系统时，开始提出的问题是：在撞车的时候，如何防止车内的乘客移动而撞到钢架？

经历了很长一段时间的研究后没有获得进展。后来把问题改为：如何设计汽车内部环境才能让车内人员更安全？结果，只是问题角度的改变，研究获得了非常好的成果。

所以，针对"如何配平化学方程式"这个问题，也许换成"化学方程式配平主要分为几种类型"更容易解决。

又或者，关键问题不在于知识上，而在于时间上。问题就可以换成"我每天花在化学上的学习时间是多少""我每天能否增加半个小时的化学学习时间？"

5.5 发现问题：所有问题都能在某种程度上解决

最近网络上一个博主发布视频，视频内容是他前往某座城市，刚下高铁，打出租车时遇到了不打表、拒载、绕路、反向抹零等情况。

视频一经发布，即引起巨大反响，特别是该城市的部分网友，他们认为这位博主在抹黑这座城市。他们认为：其他城市高铁站出租车同样都有这种情况，为什么就单说这座城市，为什么不去正规的地方打车，为什么不打滴滴等。

很明显，这些本地网友已经习惯了这种情况，并把这些问题不看作问题。

然而，第一次去这座城市的博主把这种现象看作了问题，而且该城市的管理部门看到视频后，也把这种现象看作了问题，迅速进行了处理和整治。最后受益最大的将是这些本地网友。

> **小技巧**
>
> 只有提出问题才可能会有答案，才能找到解决办法。当我们把生活中需要解决的事务明确下来，白纸黑字地写下来，才可能真正意识到问题的存在。当没有提出问题时，你只能感受到麻烦、疲惫、问题缠身，却没有意识到问题存在，也当然不知道怎么解决问题。

最有意思的是，我们常常没有发现问题，我们总是很适应生活与学习的习惯，即使有可能很糟糕。但是当我们跳出来从旁观者的角度认真观察，我们身边处处都能发现问题，如图5-12所示。

这些问题看上去并不会影响生活和学习，但是如果你把它当作问题，

图5-12 通过观察发现问题

并找出解决方法，就会发现你的生活和学习会有很大变化。

比如"早上起床很困难，早上第一节课总是没精神""我有疑问但不敢问老师""爸妈总是批评我""我不喜欢这个语文老师""马上要考试了，我很紧张"等，其实都是可以解决的"问题"。

我们既可以自己尝试解决，也可以通过老师、同学、网络、书籍获取解决办法。

作者以前写作文，总是构思半天，想不出一句话，拖到最后才勉强写完，字数也是凑的。

现在写文章，有时候也是想半天写不出来。作者一直以为是作者大脑空白，没有东西，或者作者天生想东西就慢，天生就没有才气。

但是当作者把"写文章很慢"当作一个可以解决的问题看待时，作者就有了找解决办法的心态。

于是，作者找了好几本教写作的书来看，看完之后，作者知道问题出在哪里，出在写作之前的构思上！

省略这个步骤，大致知道一个方向或情境，直接写！边写边想会有什么例子可以用，写到一个阶段，休息一下，回头看看，修改一下字句，继续写。有时候懒得修改，直到写完了再修改。这样的过程让作者发现，大脑很容易进入状态，灵感源源不断。

恐怖小说大师史蒂芬·金就是这样写小说的："故事的所有细节和情节都不是来自精心设计；都是出自天然，从开始的情境之中自然发生，每个情节都是被挖掘出来的化石局部。"

作家村上春树也是如此："创造登场人物的固然是作者，可真正有生命的登场人物会在某一刻脱离作者之手，开始自己行动。"

还要举一个反例给大家做参考。作者从小写字不好看，屡次想要改善，但是总是失败，什么原因呢？

当作者想要改善时，就买一本练字帖，照着练，但是没练几天，作者就被其他看似更重要的事情吸引，练字的时间被挤占，最终放弃。

现在回想起来，本质上失败的原因是，没有在时间维度上作出妥善的安排，以及一次性关注的问题太多，没有办法一次性解决。

我们一次最好只关注一个问题，因为一个人没有办法同时抓两只"兔子"。

问题不一定要彻底解决，解决一点点就是进步，如图 5-13 所示。

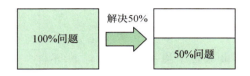

图5-13　解决一部分也是解决

比如针对"早上起床很困难，早上第一节课总是没精神"这个问题，我们不是必须解决成"早起很容易，第一节课总是很有精神"。

我们可以解决成"早起不容易，但是我可以在第一节课前睡个回笼觉，让第一节课比较有精神"。

再或者解决为"我晚上提前半个小时睡觉，让第二天早起容易一些，让第一节课没那么困"。

再或者解决为"第一节课前喝杯咖啡，让精力充沛一些，等到中午再好好休息"等。

去想一想、找一找，肯定能找到更多的好方法。

要注意的是，这里所说的问题，不是说犯了什么错误必须改正，而是通过主动找到问题，主动设计方案解决问题，主动实践和调整，直到某种程度上解决问题，让人生变得更美好。如此，具有非常积极的自主意义。

5.6　晕轮效应：透过现象看本质

有一个非常有趣的研究，一个访客被带到剑桥的五个班级。

第一个班级，这位访客被介绍为一名学生。

第二个班级，这位访客被介绍为一名助教。

第三个班级，这位访客被介绍为一名讲师。

第四个班级，这位访客被介绍为一名高级讲师。

第五个班级，这位访客被介绍为一名教授。

访客离开后，研究人员让五个班级的学生对他们所看到的访客的身高做一个评估结果。

有意思的现象是，访客平均每高一级职位，评估出来的平均身高就会高出1厘米。最后的教授的身高比最开始的学生的身高要高出6厘米左右，如图5-14所示。

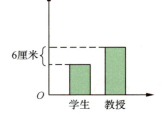

图5-14　教授比学生高出6厘米

> **小技巧**
>
> 人们通常会先认识到一个人的某一个方面的特征，然后会把这个方面的特征跟他的所有一切都联系起来。这种现象称为晕轮效应。

"晕轮"指的是太阳周边的一层晕，比太阳要大很多。晕轮效应就好比，看到了太阳外面的一层晕就误认为那就是太阳，而实际上太阳要小很多，如图5-15所示。

我们常常所说的"先入为主""以偏概全"，还有"用有色眼镜看人"都属于晕轮效应。

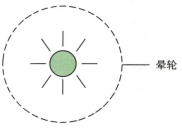

图5-15　晕轮效应

有研究发现，个子高的人，他的工资会更高。那是因为视觉上，个子高的人给人感觉能力更强，而实际上不一定。

我们认真观察生活，也会发现类似的情况。比如成绩好的同学，他的言行会被认为更正确，即使跟学习无关。而反过来，成绩不好的同学，不管说什么，都有可能被看作没有价值的。

还有，我们看到一些明星，因为明星光环就会觉得他的个人品德和私生活也很完美，但实际上并不是这样。

也就是说，其实我们很容易根据某个人的优点，去判断他很完美，或者根据他的缺点而全盘否定这个人。

我们可以利用晕轮效应，帮助我们学习。

(1) 第一眼看到消极的一面时，不要马上下定论。

一个不修边幅的糟老头子，说不定是一个学富五车的老师。

一个缺点满满的人物，也可能有值得他人学习的闪光点。

更重要的是，不要因为环境的糟糕，或者某个老师的缺点，或者某个学科知识本身的局限，或者自己成绩的低落，而决定不去学习，这是极其错误的、对自己不利的。

因为我们所看到的糟糕的一面，可能只是我们第一眼看到是如此，其实背后不一定如此。

我们看到老师的某个缺点，并不代表老师任何方面都不足。

学科只是有局限，哪一科没有局限呢？每个科目，都是值得学习的。

成绩的低落并不代表我永远不适合学习，而是由于某些原因导致的，我可以通过努力和改变，提高我的成绩。

总之，不要用固定的思维去看待一切事物，我们要用发现的眼光去看待别人，找到他们的优点和值得我们学习的地方。

作者曾经去参观过北京的一所 211 大学，这所大学表面上看去，可能还不如南方的一所高中宽敞明亮，也没有那么好的风景，图书馆也很破旧。但是作者所了解到的是，它的化工专业排名全国前列。这时，你才发现学校的外表有时候并不是那么重要，里面的老师和学生才是一个学校的关键。

罗曼·罗兰说：世界上只有一种真正的英雄主义，那就是在认清生活的本质后，依然热爱生活。

你是否曾经因为周边一些事物的糟糕的一面而产生了厌倦它的情绪？是否可以尝试把这种不足转变过来，发现它的优点，还尝试去热爱它。

（2）刻意找出优点，利用晕轮效应放大学习的热情。

有时候晕轮效应是我们无法避免的，那么怎么办呢？我们就可以尝试优先去发现积极的正能量的事物，促使我们放大这个优势，产生积极的评价。

比如我们在学习化学之前，可以了解一下化学的魅力，听听关于化学家的传记故事。

因为这些有魅力的化学知识，还有传记故事，能够让我们认识到化学的深刻价值，促使我们放大对化学的好感，产生晕轮效应，如图5-16所示。

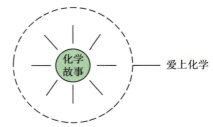

图5-16 利用晕轮效应爱上化学

这能帮助我们更加热爱学习，更努力地去学习。

在去某一个学校或者某一个班级前，积极地了解这个学校和这个班级的优势。这会帮助我们喜欢上这个学校和这个班级，也有利于我们在这个环境中学习。

作者曾经听过这样的一个故事：

有两位同学，是很好的朋友，有很多共同语言，经常相互吐槽身边的事物，包括学校、老师、同学、家长，都是他们吐槽和嘲讽的对象，吐槽的时候很开心。

但是某一天其中一位同学，突然发现自己对什么都没有了兴趣，因为只要他想努力做任何事情都会想到好朋友的吐槽，就觉得这事不值得做。

他幡然醒悟，决定刻意远离这位同学，调整自己消极的表达，努力做好自己想做的事情，学习和生活逐渐有了目标和价值。他也恢复了积极阳光的一面。

5.7 时间冗余：总有一半时间在计划之外

生物学上有一个"基因冗余"的概念，说的是同一个基因多次重复出现，只有其中一个基因有用，其他重复的基因则处于关闭状态，看上去很多余，所以称为冗余。

冗余的存在其实是为了预防随机事件的干扰，如果这个基因受到影响，其他"多余"的基因就会顶替它的作用。

比如玉米的 A 基因和 B 基因都能控制叶片的发育。如果 A 不存在了，B 就能起作用。同样地，如果 B 不存在了，A 就能起作用。如果它们同时都受影响，则叶片就不能正常发育，如图 5-17 所示。

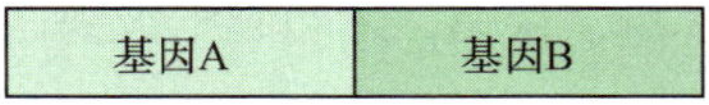

| 基因A | 基因B |

图5-17　两段基因都能控制叶片发育

自然界有很多冗余现象，比如有的植物开很多花，但是真正结果的只有其中一部分；有的植物结出很多种子，但是真正能生根发芽的也只有其中一部分。对于它们而言，冗余的作用就是抵抗自然界的干扰，保证后代能正常繁衍。

> 💡 小技巧
>
> 认真观察，我们会发现学习和生活中，随机出现的突发事件远比我们想象的要频繁。为了实现目标，我们既需要考虑如何尽可能降低突发事件的发生，更需要给突发事件预留时间，也就是保证时间的冗余。

突发事件并不"突发",而是极为常见。只是因为没有在计划内,常常被我们被忽略,但是无意中却占据了我们大量的时间。

比如,你计划用 10 分钟完成的事情,可能最终花了 20 分钟;50 分钟要完成的事情,可能最后花了 100 分钟。等事情结束,你都不知道时间花在了哪里,不知道为什么会花费这么多时间。

我们来观察一个简单的煮饭过程。

假设你计划半个小时煮一锅饭,于是在预定吃饭前的半个小时去煮饭。

结果你发现早上的饭锅还没洗。

洗完饭锅后,开始淘米,结果你发现大米中有好几只米虫,你挑了好一会儿,才把米虫挑干净,大米也多洗了几遍才感觉干净。

正准备加水焖饭,又想起今天有一个客人要来吃饭,得多煮一个人的饭,于是又多加了一点米,还得重新淘洗一遍。

终于加好水,开始焖饭了。突然一通电话打来,说你的快递到了,你急急忙忙去门口拿快递。

拆了快递,才想起电饭锅还没插电,还没有按下"开始"焖饭的按钮。

等做完这些准备工作,半个小时过去了,已经超过预定的吃饭时间,如图 5-18 所示。

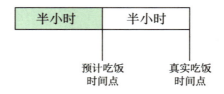

图5-18　吃饭时间将超过预计时间一倍

对于更复杂以及从未做过的事情,所花费在计划之外的时间还可能会更多!

为了减少这种情况的出现,我们可以做好三件事情。

（1）把一些看似突发事件转变为常规事件，降低它所占用的时间。

上面举例所提到的"饭锅没洗"的情况，如果我们经常做家务就知道，饭锅在早餐之后洗碗时就应该清洗干净，不会留在中午煮饭的时候才发现没洗。

这里提到"经常做家务"，其实在告诉我们，如果我们经常设定目标和实现目标，那么我们很多时候会熟练地预知一些突发事件的发生，因而在它出现之前就会被我们消灭掉，或者直接给它们预留好时间。突发事件就转变为常规事件。

所以我们要意识到，想要实现一个目标，并不是一开始就能够完全预料好的。特别在时间维度上很容易出现计划失误，这是正常的。

我们需要在这个过程中不断调整自己对时间的估计。也是在这个过程当中，逐渐锻炼出将突发事件转变为常规事件的能力。

当然，这也不是完全习惯成自然，而是需要勤动脑、观察和总结，去刻意找出那些可以转变为常规事件的突发事件。

（2）我们爱自由的本性也会引发突发事件的发生，可以给自由一个限度。

我们的思想稍微做一次停顿，就会有大量的外界信息输入大脑，我们的思绪就会开始挥霍时间，紧接着我们就很可能做出浪费时间的行动。

我们既需要给自己强化目标，防止注意力飘移，也要通过营造安静的环境屏蔽外界的干扰。这在之前的章节都有详细讨论，这里就不再赘述。

在目标完成到一定阶段之后，可以休息，给注意力松绑，让自由回归。但是要有时间限制，可以尝试设个闹钟，时间一到，继续完成目标。

张弛有度的安排，可以充分地防止因为自由意志导致的突发事件。这也是课间 10 分钟的意义。

但是我们要知道，无论我们多么努力防止突发事件的发生，突发事件依然会发生。

（3）给目标预留更多的时间冗余。

有的情况下，浪费的时间会占据完成目标的时间的 1/2，有的时候只会占据 1/5，但很多新手或者对于复杂目标，浪费的时间可能与完成目标的时间相同。

所以根据作者的经验，作者建议给学习目标安排多一倍的冗余时间是可行的。大家可以根据自己的情况作出合适的安排，不要太少，也不要太多，如图 5-19 所示。

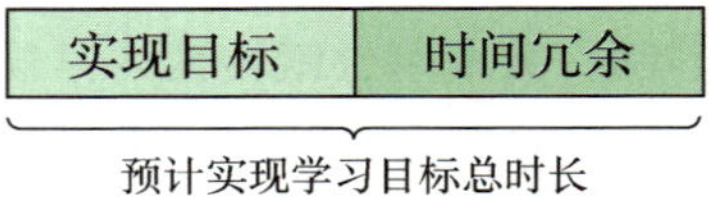

| 实现目标 | 时间冗余 |

预计实现学习目标总时长

图5-19　给目标预留充足的冗余时间

这并不是说要利用冗余时间去休息和玩乐。我们应该尽可能避免突发事件，尽可能去高效率完成目标。当冗余时间未用完的时候，我们可以把这些时间再安排到下一个目标当中。

但是如果我们因为突发事件的干扰，导致这些冗余时间刚好用完，这也不会影响我们对后面计划的安排。

总之，正因为有冗余时间的存在，我们才有充足的自信完成目标。相反，没有冗余时间的安排，只要有突发事件，就会导致我们目标的失败，也很可能会影响到下一步计划。

5.8　重启网络：什么时候该休息了

坐过汽车的同学都知道，汽车起步有一个过程，开始很慢，缓缓前进，但是过一会儿，速度就非常快了。

学习类似坐汽车，刚开始翻开书学习，很难进入状态，理解知识和解题速度就像乌龟爬行，但是坚持一会儿就会发现，学习效率莫名其妙就提上去了，看似难懂的知识和难做的题目三下五除二就解决了。

然后当你切换学习的科目，速度又会有所减慢，过一会儿速度又提上去了。

为什么会有这样奇妙的现象发生？

小技巧

当我们在思考某个问题时，长时记忆中与这个问题相关的知识网络会被激活，这些激活的知识很容易被提取和应用。这被称为扩散激活理论，如图5-20所示。

图5-20　相关知识网络被激活

我们在刚开始学习时，就是在逐步激活与问题相关的知识网络，随着时间的推移，当激活的知识越多，学习速度就越快。

所以，我们在学习时，应该保持专注在某一个学科或某一个知识专题上，持续一段时间，这样才能使效率提高。如果短时间频繁更换学习对象，学习效率则会大大降低。

作者上大学的时候，在有一段时间的自学过程中就发现了这样的问题。

学校上课一节课是40分钟，作者开始认为这是科学的，所以作者计划40分钟学一科目，下一个40分钟切换为另一科目。

随后，作者很快发现，这40分钟作者可能还没完全学完一节内容，可能才刚刚找到解决问题的头绪。

如果这个时候马上切换为其他学习内容，就会很困难，很不舒服,等到下次再回到相同的问题上时,又得重新思考半天。

所以,作者改变了策略,作者自学时,都是安排一个上午专注学习某一科目,下午再安排另一个科目。甚至有时候一天只学一个科目,学习效率大大提高,势如破竹。

还有一种经历,相信大多数同学都体验过。就是考完试,过了很多天甚至几周的时间老师才来讲评。你会发现,这个卷子的内容变得十分陌生,完全想不起来正确的为什么做对、错误的为什么做错。这就导致,老师讲了半天,你都在云里雾里,如图5-21所示。

图5-21 几周后将忘记卷子

又或者,一道很难的错题,不知道怎么做,当时想解决的心态很急迫,但是因为某些原因没能问老师。过了几天,再看到这道题时,你突然就不想去了解为什么错,甚至题目都不想看了,而是更关注当天的错题怎么理解。

这两种情况的出现,原因就在于,一段时间后激活的知识网络已经平静了,再要重启就会比较困难。

如果卷子当天就讲解,错题当天就去问,肯定能又快又好地理解。

但是当我们针对一个问题,知识网络处于激活状态,却始终不能解决问题时,我们可能陷入一个极端:过分执着于马上解决问题,导致问题难以解决。

这看起来有点奇怪,前面不是说,保持激活知识网络,有利于相关知识提取和应用吗?应该更能快速地解决问题才对呀。

然而，实际上我们在解决问题时，只是根据已有信息和经验选取某一区域的知识激活，而不是把所有知识都激活。这也就是之前所说的启发式搜索。

也正因为被激活的知识网络很容易被提取，所以我们会习惯性地在这些知识网络中反复试探，却不愿意重新激活另一片知识网络。

这就好像，有的同学写作文，作文格子写得满满当当，却误入歧途，文不对题，成绩0分。

也就是想错方向了，却乐此不疲。

这个时候怎么办呢？

西蒙认为应该休息，让激活的知识网络先平静下来。过一段时间再回来，你会激活新一片知识网络，找到更有效地解决问题的路径，如图5-22所示。

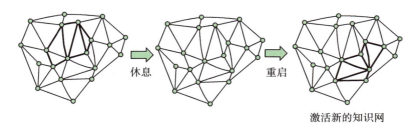

图5-22　休息后重启知识网络

就好像你在高速路上开车，一路畅通无阻，非常愉快，但是你却不小心错过了岔路，而这条岔路才能到达目的地。这个时候如果选择继续往前开，你依然跑得飞快，却始终到不了目的地。你只能选择下高速，重新规划路径，才能到达目的地。

所以，为什么有的人半天想不出答案，结果睡一觉醒来就理解了，原因就在这里。

甚至有的科学家，废寝忘食也无法找到的科学发现，却在睡梦中找到了。比如凯库勒发现苯环、门捷列夫发现元素周期表等。

当然，并不是说前面的努力白费了。西蒙认为，旧的路径，即使是错误的，也能作为一种经验储存在长时记忆中，告诉我们自己"这条路是错的"。下次重新激活记忆网络时，便会自动吸取教训，避开这些错误的路径。

有的同学看到这里，难免会有疑惑，我究竟什么时候应该保持激活网络，又该什么时候通过休息来切换新的知识网络呢？

做个对比总结就知道了，当我们刚开始学习时，进不了状态，那么就坚持一下，时间久一点，激活网络，效率就会提高；如果本来就在高度集中状态，却久久无法解决一个问题，那么就应该休息一下，让激活的知识网络平静下来。

第6章

策略：选择满意的方法与路径

6.1 刻意练习：拥抱错误，敢于挑战

西蒙的学生——佛罗里达州立大学教授安德斯·艾利克森（Anders Ericsson）写了一本影响力极大的书籍叫《刻意练习》。这本书中讲了一个研究，从医30～40年的医生的医术在很多方面竟然不如从医两三年的医生。

作者观察身边的教师，也会发现很多从教十几年的老师水平未必比从教三四年的老师水平要好。

再回顾我们自己的学习经历，我们从小就开始背书，背了很多年，背书的速度似乎并没有很大提高，背不下来依然背不下来，并不能做到过目不忘。

同样地，很多人从小就会骑自行车，但是即使到成年，骑自行车的水平与小时候也没什么区别，并不会因为骑了十几年自行车就能够成为骑自行车高手。这是为什么呢？

我们以跑步为例，就能对这种情况作出解释。

一个基本不跑步的人，突然某一天开始跑步，每天跑500米。刚开始肯定不适应，很辛苦，肌肉酸痛。

但是坚持跑了几天后，肌肉增长，耐力增强，跑500米不再困难。再多跑一段时间，跑500米能够很舒适，肌肉的状态已经完全适应。

往后再继续每天跑500米，肌肉不会再作出调整，因为肌肉完全能够胜任，处在很舒适的状态。就这样，即使再重复跑一年、两年，他的肌肉不会再出现大的改变，也不会变成跑步高手。

但是如果，他开始提高挑战，拉长距离，跑1000米呢？这样就跳出了肌肉的舒适圈，肌肉就必须作出调整以适应新的要求。

往后，每过一个阶段就拉长距离，逐渐地，肌肉的耐力越来越

好，直到某一天可以去跑马拉松。

以上其实是作者亲眼见证过的作者哥哥和作者嫂子从跑步渣渣到完成一次马拉松的经历。

从以上例子我们可以看出，真正能让我们的能力不断提高的是：跳出舒适圈，挑战自我！如图 6-1 所示。

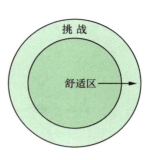

图6-1　跳出舒适区

> 我们也就很容易解释，我们刷了很多题目，但是，成绩却总是原地踏步，甚至倒退的原因之一了：我们总是大量做很容易就能够完成的题目，却不敢挑战和思考更有难度的题目。

有挑战就会出错，有很多同学发现自己做错了题就很心急、很焦虑，发出"怎么又做错了"的感慨。也有很多同学经常来问作者"知识都理解，做题还总是会错，怎么办？"之类的问题。

作者刚当老师那会儿，担心遇到尖子生自己的知识储备不够，认为他们的问题都是超出课程范围，或者罕见，因此备了很多课外知识。

但是作者后来才发现，尖子生们同样会遇到很多普通生一样的问题，做题同样会出错，同样会遗忘以前学过的知识，同样会不理解新学的知识。

只是他们都有一个共同的特点，就是他们从来不埋怨，他们会积极面对每一次错误，在理解错误的原因之后恍然大悟，作者能感受到他们的愉悦之情。

科学研究显示，每一次出错可以帮助我们的大脑生成新的突触、建立新的链接，也就是说在不断地试错的过程中，我们的大脑在悄然发生改变。因此,要想有所改变,在学习中出错是必要的,如图6-2所示。

图6-2 大脑神经产生新的链接

第一次尝试就成功的话,反而不会给你带来进步。就好像年复一年跑500米,并不会给肌肉带来多大改变一样。

从错误中学习应该成为我们最核心的学习理念,一定不要把"错误"当作"我很笨"来看待,那对学习是有破坏性的。

同样地,认为每次成绩全优才是成功的,没有全优,就是失败的,也是对学习具有破坏性的。

作者有一位朋友,她突发奇想自学画画,经常把精心画好的画发布在朋友圈,那画风真是不忍直视,能看出她很用心,但就是感觉很不协调,怎么看怎么不顺眼,说实话,作者看了都有点替她不好意思。之后有很长一段时间没有注意她的朋友圈。

突然有一天再刷到她的朋友圈,她的画作非常惊艳,协调、生动、逼真,就像出自画家之手,已经不是一般人所能企及的了。这让作者很感慨,原来达到"完美"之前一定会经历一系列的不完美甚至错误。

6.2 秘密武器:找到一位好老师

作者问取得过"世界记忆大师"荣誉称号的朋友,如何才能成为"世界记忆大师",他说了三个关键词,如图6-3所示。

有必要介绍一下,在写这本书期间,获取"世界记忆大师"荣誉称号的标准是：

（1）1小时正确记忆至少1400个数和14副扑克牌；

（2）40秒内正确记忆一副扑克牌；

（3）总分至少3000分。

回到那三个关键词上。

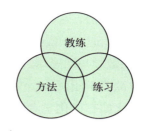

图6-3 成为"世界记忆大师"的三个关键词

首先，方法是核心，没有方法，背一辈子的书也无法获取"世界记忆大师"的荣誉称号。而获取该荣誉称号的竞技训练方法其实只要7天就能掌握。

其次，教练也是核心，教练不仅能教给你方法，还能陪你练习、给你反馈、帮你调整。但是，好的教练一般需要"特级世界记忆大师"的水平。

最后，练习也是核心，但不是重复的低水平的练习，而是有挑战地试错，这一点与6.1节讲的内容一致。通过两年到三年的练习，就有可能获得"世界记忆大师"荣誉称号。

在我们的学习中，这三个关键词也至关重要。

> **小技巧**
>
> 其中"教练"可以把三个关键词串联到一起。在学习中，教练就是老师，好的老师不仅教授你好的学习方法，还能带着你练习，给你反馈，帮助你调整计划，激发你的兴趣与斗志。

很多同学觉得自己笨、学习慢、找不到学习乐趣。其实可能仅仅是没有找到好的老师。有人说老师的作用是"一个灵魂唤醒另一个灵魂"，丝毫不为过。

比如数学，大多数的老师讲完公式、推导过程、几个例题之后就布置作业练习。这也好像没什么不对，但是，确实缺乏方法。

作者知道有一位数学老师教数学就很有方法，她非常喜欢"画数学"，把数学与图形结合起来，既生动又有画面感，让学生听得津津有味、欲罢不能。

再比如有位化学老师很喜欢把生活中的化学搬到课堂上来，创作了《恋爱中的化学》《放屁中的化学》《美白中的化学》《头发中的化学》《净水中的化学》等一系列经典课程，真的是"万物皆化学"，这很难让人不爱上化学。

作者还了解到一位物理老师，他倡导概念性学习，认为概念的理解才是最重要的，花费了大量时间帮助学生抠概念，最后硬是把普通班的物理成绩教出重点班的水平。

还有我们所熟知的张桂梅老师，她就是一面精神旗帜，时时刻刻激励着她的学生自强不息、奋斗不止！

反观有的老师上课按部就班、了无生气，又如何能让学生积极面对学习呢！但是，当我们确实遇到了这样的老师，又该怎么办呢？其实好老师就在身边！

调查发现，国际象棋大师成为大师的主要途径是：向优秀象棋大师的棋谱学习，对比自己下棋的过程与棋谱的区别，不断调整和优化。棋谱就是老师。

再来看富兰克林，他是科学家、政治家、发明家、作家、外交官、企业家、美国的开国元勋，他的著作《穷理查智慧书》及其自传成为美国文学中的经典。

他学习写作的经历值得我们借鉴。他找来优秀杂志中的文章，首先把文章改写成诗，然后过一段时间，再把诗改写成散文，这个过程的主要目的是加强词汇使用能力。

然后，他又把文章中的每一句话化简为关键字词，再打乱顺序，过一段时间根据关键字词写出句子和文章，再与原文章对比，并修改，这个过程主要提高结构与逻辑能力。杂志就是富兰克林的老师。

作者上高中时，总是写不来语文的诗词赏析题，按照老师教的方法去写，总感觉很死板，也想不出怎么描述，词穷。后来无意间翻到家里的一本宋词，每一篇词都有鉴赏，这些鉴赏写得特别不一样，不死板，有情感，有血有肉，很有意思。看了很多篇之后，突然间就觉得自己也能写了。

从此之后，作者的诗词赏析题都没有拿过低分。这本宋词书就是作者的老师。

还记得作者高三那一年，数学成绩很不稳，只能在 110 分左右徘徊，有一天学校组织了一个讲座，请了一些重点大学的学长、学姐来分享学习方法，其中有一位厦大的学长的分享让作者印象深刻。

他做数学题时，喜欢把重点题目中的数字换成字母，重新做一遍，最后就能得到一个带有字母的公式。这个过程既锻炼了抽象思维，有时还能得到非常棒的推论公式。

听到这个方法后，作者一发不可收拾，收集了很多的重难点题目，然后字母化，写了至少一本笔记本。高考的时候，作者的数学考了 130 分以上（忘了具体分数）。而且这种抽象化的思维方式一直影响着作者。这位学长就是作者的老师。

很多同学做完题目之后对答案，只关注答案是正确还是错误，却不关心错误的题究竟该怎么订正，也不关心那些做对了但是仍有疑问的题目。

其实我们完全可以从答案解析中订正错误和解答疑问，而这才是做题的意义。答案解析就是老师。

用心观察，勤学好问，老师真的无处不在。优秀的文章，优质的书籍，有特点的同学，杰出的人物，答案解析，都能找到可以学习的地方，如图 6-4 所示。

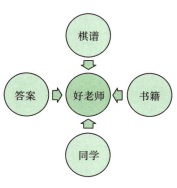

图6-4　好老师无处不在

6.3 厚薄笔记：先把书读厚，再把书读薄

有一位同学提了这样的一个问题，他的错题本总是很杂乱，不知道该如何记错题才能简洁、有效。

这个问题看似很容易解答，比如筛选出重点错题，剔除简单易懂的错题；或者记录时写字清晰一点，减少涂改；再或者设计一套格式和符号，让错题记录更有规则等。但是这些都忽略了一点，那就是，杂乱可能是不可避免的。

在回答这个问题之前我们来看一下西蒙的一个观点。

> 💡 **小技巧**
>
> 西蒙认为，科学在发展，知识在不断扩充，但同时，每一次大的科学进步，就会有一般性的科学原理出现，把分散的知识统筹到一起。"在知识的精致化与通过理论将知识压缩成更简略的形式这两种趋势之间，一直存在着竞争"，如图6-5所示。
>
>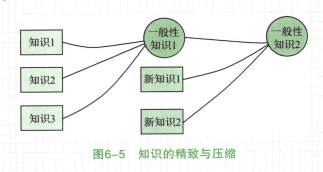
>
> 图6-5 知识的精致与压缩

这段话要怎么理解呢？我们举一个例子就清楚了。

原子学说历经道尔顿模型、汤姆森模型、卢瑟福模型、玻尔模型、电子云模型等，到目前为止，原子内部的神秘面纱依然没有完全揭开。

你会发现关于原子的知识在不断地扩充，越逼近真实图景，信息量越大、越复杂。这就是所谓的知识在不断扩充或者说精致化。

但反过来，我们总是能找到新的、先进的模型来解释旧模型的不足，把那些不符合旧模型的散乱知识统筹在新的模型之下。

道尔顿原子模型无法解释电子的存在，于是有了汤姆森模型，但是汤姆森模型又无法解释 α 粒子轰击金箔实验，于是有了卢瑟福模型，卢瑟福模型又无法解释电子为何不向原子核坠落，于是有了玻尔模型，再后来随着量子力学的出现，科学家们又提出了电子云模型，如图 6-6 所示。

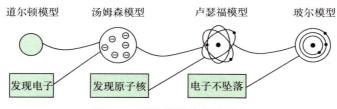

图6-6　原子模型的发展历史

而且，在传播知识时，我们并不会一股脑儿地把所有知识细节摆出来。为了便于理解，我们总是把已经掌握的知识简化出最核心的要点，并用典型的例子作为代表来解释。

我们可以发现，"模型"这个词表达的意思就是简化了的知识。概念就是对知识打包、压缩后提出来的。如果想要了解更多，就可以根据这个概括性的词汇进行搜索和查询。

比如我们看到的"道尔顿原子模型"看似很简单，似乎指的就是一个不可分割的实心球。但实际上它还包括定比定律、倍比定律、原子质量、原子形状和性质等内容。展开来之后，并不简单。

总之，知识的产生和传播，都会经历知识的扩充与知识的压缩两个步骤。

那么，我们学习知识的过程又是怎样的呢？同样需要经历这两个过程！

从已知向未知的前进，当然首先是获取新知识，是知识的扩充。而且我们接触的知识也一定只是知识的一面，即概括后呈现在我们面前的要点。

我们还可以把这个知识与我们已有的知识产生联系，可以与我们的生活实际产生联系，可以通过例题和练习加深理解，可以通过搜索和查询拓展知识的内涵与细节。总之，在这个新知识的基础上再进行扩充。

因为我们的主动学习，会使所学的内容变"厚"。结果就是，可能做的笔记比教材本身的内容还要多。

现在，终于可以回到那位同学错题本的问题上了。

他的错题本内容很杂乱，原因可能就在于，他正在扩充自己的知识，从已知的位置向未知的领域突进，这必然是一个看似杂乱无章的过程。因为既然是无知，又如何知道它的条理？

所以刚开始的学习，理应接受知识的混乱、笔记的混乱。但毫无疑问，你的知识是增多的。我们要接受这种情况，并乐于看到这种情况。

但是，接下来你要做的更重要的事情是：随着学习的深入，你应该对错题或笔记进行一次压缩。

具体的做法就是，将错题、笔记内容分门别类，相同的一类收纳到一起，同时删去对你来说简单、易懂、重复的内容。然后把这些分类的内容打上标签，这就完成了知识的压缩。

为什么要经历过混乱再压缩？

因为，只有经历过混乱，你才逐渐深入，才能看到概括性的原理出现，或者说才能理解概括性原理。这个时候在这样的原理的统筹下，才能把那些散乱的知识归纳起来，才能出现条理性，如图 6-7 所示。

比如初中学习的复分解反应，你先接触了各类复分解反应的例子（这个时候你还不知道复分解反应为何物），然后出现复分解反应类型的概念，你才能用这个反应类型来概括之前所学习的散乱的化学反应。

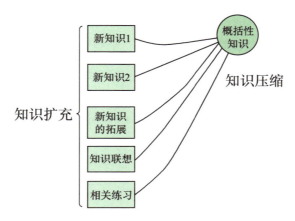

图6-7 学习时知识的扩充与压缩

经历了这个压缩过程,作者相信错题也好、知识也好,就有了条理,易储存,易提取,不会再看上去杂乱无章。

这个压缩过程建议每过一段时间就来一次,对我们的学习是很有帮助的。

数学家华罗庚,中国科学院院士,被列为芝加哥科学技术博物馆中当今世界 88 位数学伟人之一。他也是自学的代表人物,他谈到如何学数学时认为,读十几本书不如熟读、精通一本书。而熟读、精通一本书的方法就是,先把书读厚,再把书读薄。

这样的学习方法和上述的知识扩充与压缩过程不谋而合。

6.4 外接存储:最有价值的记笔记方法

记笔记的目的是什么?

如果不能明确这一点,那么笔记就白记了。

从原理上讲,记笔记无非两个目的。

(1)帮助思考。

具体来讲就是,辅助工作记忆,形成深度思考。

我们在思考的时候，大脑主要是工作记忆在发挥作用。但是我们的工作记忆容量是有限的，一般5～7个组块。负担越大，越难形成深度思考。

但是，如果我们把工作记忆内容释放到纸上，工作记忆理论上就可以（虽然缓慢）无限深入，如图6-8所示。

简单地说，如果你要计算两位数以上的乘除，如果不用笔来辅助，单纯用心算就会很困难。

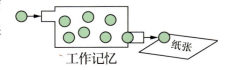

图6-8　用草稿降低工作记忆负荷

如果用上笔，把乘除的结果马上释放到纸上，大脑不需要记忆，就可以留有更大的思考空间，继续后面的计算。

无论多复杂的题目，我们都可以通过笔记的形式，把大脑思考的内容释放到纸上，然后继续慢慢思考，直到得到某种答案。

有意思的是，如果不去做笔记，很有可能不会引发思考。

比如写作文，不写下开头，你就不会写下后面的内容。只有开始写了，思绪才会源源不断地产生！

（2）帮助记忆。

这里的记忆指的是长时记忆。把需要存入长时记忆的内容，先存储到纸上，再慢慢地存入长时记忆。

这就类似于在大脑外部接了一个存储器，帮助我们记忆。

为什么不直接存储到长时记忆，还要多此一举呢？

> 小技巧
>
> 我们要明确一点，西蒙认为，人类大脑的长时记忆，存储量是没有限制的，可以存储的信息量无限大。这是一种恐怖的力量。但是，这种力量却有两个重要的限制。

第一,需要经过工作记忆的处理,才能把知识有效地存储到长时记忆。

这一点其实说的就是,理解性记忆比机械记忆更有效。只有经过深刻的理解,大脑中的神经元之间才能建立充分的链接。

第二,即使是存储到长时记忆,如果没有后续的强化,也可能被删除或者覆盖。

这一点其实说的就是,知识需要复习。只有经过复习,大脑中的神经元的链接才能被强化,变得更加牢固。

对于这第二点,很多同学没有意识到其中的价值。

比如说,我现在理解了一个知识,那么我是不是就可以不管它了?

不是的,因为理解,不等于记住。

理解有利于记忆这是没错的,但是不等于这个记忆永久有效。我们必须通过强化,才能记得持久。任何知识都是如此。

有的情况下,我们非常自信,认为这个知识我们理解得非常透彻了,觉得不可能忘记。但事实总是打我们的脸。

可能一两天后我们还记得,但是一周以后呢?一个月以后呢?一年以后呢?

作者在教学中发现一个很有意思的现象,就是90%的高三同学会把高一所学的90%内容忘掉,即使是很简单的知识,而这些简单的知识他们不可能不理解,如图6-9所示。

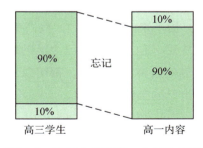

图6-9 高三会遗忘高一大部分知识

剩下10%的同学,对于之前学过的知识还有比较深的记忆。这保证了他们的成绩名列前茅。因为你会发现,高三考查的内容主要就是高一到高三的知识的综合,很多时候并没有多难,只是简单地考查知识点。

如何才能做到,到了高三还能把高一的知识记住呢?

方法很简单,通过笔记进行多次理解和复习!

具体技巧上,作者推荐康奈尔笔记法。

这个方法由康奈尔大学研究中心主任沃尔特·鲍克开发而成,最开始的目的是帮助学生准备律师资格考试,后来被广泛使用。

他把每一页笔记分成三个部分,右边一大块区域为主栏,左边大概四分之一区域为副栏,最下面还有一块大概五分之一区域为思考栏,如图6-10所示。

图6-10 康奈尔笔记

课堂上主要在主栏做记录,觉得有意义的内容都可以记录,不要求整洁,有疑问的地方可以留白,搞清楚后填补。

课后马上对主栏的内容进行简化,简化得到的概括性的词汇写在副栏。之后复习的过程,盖住主栏,通过副栏词汇来回忆主栏的内容,再对照主栏来看自己的回忆是否正确。

通过副栏的简化和回忆,实际上就是帮助自己对知识进行理解和复习。回忆过程还可以定期多次进行。

接下来就是思考栏,我们在学习知识的时候总会产生一些思考,这些思考包括与你自己生活的联想,与以前学过的知识的联想,还有其他各种奇思妙想,都可以记录在思考栏。这一部分是完全属于你自己的宝贵财富。

在思考栏,也可以把你的思考内容简化出关键词,帮助你以后回忆。

在思考栏还有一个进阶做法:你觉得这个知识与你以前学到的哪个知识有关联,就可以在这个地方建立一个索引,把你现在正在做的康奈尔笔记链接到另一份康奈尔笔记上。

这样做,可以让知识产生关联,这是一种深度学习。

要做到这一点,就需要对笔记登记编号,比如"1号笔记""2号笔记""3号笔记""4号笔记"……链接的形式就是,在"6号笔记"中标上"与2号笔记相关"或"与2号笔记同一主题"等。

总之,康奈尔笔记法,可以有效地帮助我们理解知识和复习知识,是一种值得一试的"外接存储器"。

6.5 朝闻道:打破时间的牢笼

《庄子·内篇·养生主第三节》中有这样一句话:"吾生也有涯,而知也无涯。以有涯随无涯,殆已!"意思是:我的生命是有限的,而知识是无限的,用有限的生命去追求无限的知识,真是累啊!

相信这段话会引起很多同学的共鸣。知识永远也学不完,作业没有尽头,什么时候才算完呢?

其实,这不过是一个思维陷阱。人活着就在运动,身体在运动,思维在运动。累与不累,只不过是你对这个运动的看法。

作者更喜欢孔子的"朝闻道,夕死可矣"。人的时间有限又如何,我为道而来、为道而去。这句话比庄子高明之处在于,他并不在乎时间的长短,他在乎的是,是否"闻道"。

数学家、物理学家帕斯卡也说过一句话,"给时光以生命,而不是给生命以时光",与孔子的"朝闻道,夕死可矣"交相辉映。

> 时间长短不重要,重要的是你赋予这段时间什么意义。

这带给我们学习上的启示有四点,如图6-11所示。

(1)回看过去的学习时间,应该着重审视有什么收获,即使是教训也是收获,才能日日进步。不应该只看见时间流逝,更不应该认为学习是在浪费时间。

有的同学认为，这一路来的学习都没有进步，没有达到目标，那么就是浪费时间。然而，只要你是在努力的，时间就不是在浪费。记住，时间本身没有什么意义，而是你在做什么有意义。

（2）看向未来，我们应该以学习目标为导向，而不是以学习时间为导向。

图6-11　对学习上的启示

如果在某个时间段没有达到学习目标，我们有时会考虑调整策略或者目标来适应时间。但是，我们更应该学会调整时间来适应学习目标。

当无法用一天的时间学完一章内容，那么我们可以调整为两天学完一章。两天学不完，可以调整为三天。时间是辅助的标尺，行动才是目的。

如果我们认为一定要在某个时间段完成某个学习任务才算成功，反之则认为是失败的话，实际上是在时空上画地为牢，时间成了学习的牢笼，限制了我们的前进。

（3）既然时光不在长短，在于意义，那么无论是大块的时间还是碎片时间，都可以采取行动让它有意义。

有的同学可能还是有很大的疑问，我马上要考试了，时间很紧急怎么办？我该如何忽视时间的存在？

解答这个问题之前，我们再重温一遍本节的重点：时间不重要，重要的是赋予意义。

那么考试是一个时间节点，是一个辅助标尺，我们需要忽视这个标尺吗？不需要，我们需要的是在这个时间节点内，赋予这个时间段积极的意义，就足够了。

（4）珍惜时间，珍惜知识。

记住，珍贵的东西不在于多值钱，而在于你多珍惜。

有的人，家有豪宅，却从来不打扫，杂乱无章。有的人，家住小瓦房，但是日日清扫，一尘不染。后者一走进去就让人感觉很舒服，马上能意识到这间小瓦房对主人的珍贵程度。

时间也是如此，如果你不珍视你的时间，挥霍无度，那么时间走了也便走了，悄无声息。如果你珍惜你的时间，你会让这段时间，哪怕是一小段时间，也有意义可言，有快乐可言。

在学习中，随着时间的流逝，知识在大脑中形成。有的同学不认可这些知识，只认为这是老师逼迫你学习的垃圾，当你这么认定的时候，那么这些知识就只能是垃圾。

所以有很多人认为所学习的知识没有用，原因就在这里。

但是，如果你珍视你每次学到的知识，知识对你而言就一定是珍贵的。

那如何做到"珍视"呢？主要做到两点，如图 6-12 所示。

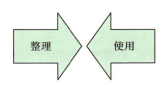

图6-12　珍视知识

第一，经常"擦拭"和"整理"。

对于我们喜欢的鞋子、衣服，我们肯定不会让它们脏兮兮的、乱糟糟的，肯定会经常清洗和整理。

同样地，对于知识，我们也要经常复习和梳理，让知识"整洁"、有条理。

第二，经常用，才会有生命力。

原故宫博物院院长谈到如何保护文物时，有很深刻的见解，他认为，好的保护不是把文物锁起来，而是展示出来，融入人们的生活，让文物"活起来"。

对于知识同样如此，要让知识"活起来"，就要让它跟你产生关系。所谓产生关系，就是用你的大脑去思考它、使用它，要是能在生活中应用它就更好了。

具体而言，我们举个例子就更清楚了。

有位同学从小喜欢记数学日记，他喜欢用数学知识来观察生活，做思想实验，一题多解。

比如他在初中的时候学了概率知识，就尝试用这块知识去计算一个班级同学出现相同的生日的概率有多大，还尝试去计算连续投篮命中的概率有多大。

再比如，他尝试去计算在雨中行走，到底走快一点还是走慢一点淋雨更多？虽然看上去一目了然，但是他认为用数学的方式去解释更有意思。

再有，他刚学了平方差公式，马上就尝试用几何方法去证明这个公式，等等。

正是这样对每一次学到的知识都尝试去使用，让他对数学保持着持续的兴趣。后来这位同学考上了哈佛大学。

讲了半天的珍惜知识，为什么呢？

因为作者着重想要告诉大家的是，正是因为我们对于知识的珍惜，才能理解时间的价值。

珍惜所学到的知识，某种程度而言，就是对时间的珍惜。

明白了以上的观点，那么就不会再被"吾生也有涯，而知也无涯"所困惑了。

时光虽短，应有色彩。

6.6 掌控时间：碎片时间，解决大问题

在实现学习目标的过程中，会遇到一个很棘手的问题，就是我们几乎没有自己的时间！

很显然，我们大多数的时间都被别人安排好了，在学校要上课，课后要做作业。周末也有家庭作业，即使在寒暑假，家长也为你安排好了各种课外兴趣班。

在这样的情况下，我们又如何有自己的时间，来完成自己的目

标呢？

既然没有时间完成目标，设定目标就是浪费时间。所以很多人并不愿意设定目标，原因就在此。

小技巧

我不得不告诉大家，自己安排学习与被人安排学习有本质的区别。别人（包括老师、家长）给你设定目标，安排学习计划，即使目标再好、计划再优质，都很难让人产生激情。而我们之前讲过，潜力的本质是参与的意愿。所以，制订让你充满激情的目标，专注地投入，自然会让学习又快又好！如图6-13所示。

图6-13　自己的安排远比别人安排更有动力

我们可以采取两大措施，来改变这样的局面，让学习时间为我所用。

（1）把别人安排的学习任务纳入自己的学习目标当中。

如果你想要成为物理学家，你就要意识到你需要着重学好数学、物理、英语三科，这三科老师安排的学习任务也就是完全在为你的目标服务。你甚至可以经常找老师，让他们帮你答疑解惑，以及增加学习任务、延长学习时间。

然后也要意识到，全科的平衡可以帮助你上好的大学，才能深入学习物理。那么其他科目的老师安排的学习任务，也是在帮助你。当然，这一步，你可以尝试剔除那些超出你需要的知识和习题，适当降低学习深度，缩短学习时间。

注意，不可把其他科目的学习时间降低过多，这样不利于总体成绩，不利于升入大学，对你的目标也是非常不利的。所以，你要意识到，为了实现目标，你需要去做一些你一开始不愿做的事情。

寒暑假期间，可以与家长商量，读什么书，上什么课，做什么习题，自己主动去安排，根据自己的目标进行安排。让家长知道你要做的努力，即使他们不会完全支持你，也会给你一定的自由空间。总之，要自己去争取。

我遇到一位学生，他很有自己的想法，但是总是不敢去付诸实践。在十分的纠结中，他默默地按照老师和家长的安排去学习。

问他为什么不愿意改变，他的回答是，他担心按照自己的来，成绩反倒退步，很没面子。

这是不敢冒险、不敢承担责任的表现。学习是自己的事，你要知道学习目标是有可能达成不了的，但你仍然应该去尝试实现目标，你只有经历过，而且只有经历了错误，才知道怎么调整，才能成长。

（2）把握自己的时间。

时间真的可以挤出来！

在作者决定写这本书的时候，作者非常繁忙，似乎一点时间都没有，但是因为作者的决心很大，所以只要有一点时间，就会见缝插针地学习、写作和思考。

连作者自己都没想到作者竟然平均每天能挤出1～2个小时的时间！正是因为这1～2个小时的时间，让作者3个月读完了10本书，写了上千条的笔记，写书也在有条不紊地推进。

这个时候作者才真正理解了"时间就像海绵里的水，只要愿挤，总还是有的"这句话的真谛。

作者挤出来的时间很多时候不是大块的时间，而是碎片的，这里十几分钟，那里二十几分钟，凑起来的。

有的人怀疑这样碎片化的时间没有价值，这点时间还不够想一道数学题呢，甚至还没开始思考，就已经到时间了。

但是作者要告诉你，太有价值了！只要是属于自己的时间都极其有价值！但是要让它们发挥价值离不开一条线，需要一条把它们串起来的线。目标就是这条线。

作者的经验是，只要有自己的时间，就把精力投入这一个目标中，记住一定是一个目标，不能是多个目标，也不能被朋友圈、短视频、游戏等任何信息干扰，这样就可以迅速进入状态，深度学习。即使这个时间很短（比如 10 分钟），也一定能够产生价值。没有这条线，这些碎片的时间就是一盘散沙，如图 6-14 所示。

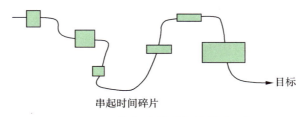

图6-14 目标把碎片时间串联到一起

比如作者正在写的这本书，可能刚开始的 10 分钟只找了一个头绪，只写了几个字，还没来得及展开，但是作者不着急，作者等着下一个 10 分钟的到来，当时间一出现，作者马上接上那个头绪，可以洋洋洒洒写上 10 分钟，再往后就会有势如破竹的感觉，只要一直抓住这个目标不放，作者坚信即使每次时间不多，但一定会实现！

正所谓"日拱一卒，功不唐捐"。对于一个远大的目标，作者不着急马上实现它，但作者坚定不移地朝着它努力，只要有自己的时间，作者就拱一卒，这一卒步子虽小，但当持续时间足够长时，威力巨大。

我们不需要着急其他同学比我们学得快，他们快有可能是之前做了充分的准备，已经走了很多步，自然越走越快，也有可能他们只是表面快，实则学得不扎实。但是我们做好自己，每天朝着目标扎扎实实地前进，将来也一定会越来越快。

6.7　知识爆炸：迁移思维的训练

诺贝尔物理学奖获得者薛定谔写了一本书《生命是什么》

随后，有三个人读了这本书，在这本书的启发下，他们发现了DNA双螺旋分子结构，并因此获得诺贝尔生理学奖或医学奖。

很难理解，一位物理学家，竟然写了一本关于生物的书，还促使生命科学出现了里程碑式的进步。不是说隔行如隔山吗？

这其实是知识迁移的魅力！

《生命是什么》中的核心内容是，用物理学上的热力学、量子力学等相关理论来思考和阐释生命。也就是说，薛定谔将他的物理知识迁移到生物学上，由此产生了神奇的化学反应。

本书的主角——西蒙，同样频繁地进行知识迁移。

他学的是政治学，但是有经济学和数学知识基础。

在做政治方面的研究时，不过是观察一个游乐场的资金管理情况，在经济学和数学知识的启发下，竟然产生了伴随一生的核心思想：有限理性。

这个思想的诞生是经济学和数学知识在政治管理中的迁移。

后来，他把有限理性、数学以及心理学等知识迁移到计算机模拟人类思维上，直接开创了人工智能领域的研究。

同时，又因为他将计算机相关知识迁移到心理学上，开创了认知科学。

在上述的知识迁移过程中，西蒙相继发现了有限理性理论、认同理论、满意理论、启发式搜索理论。

小技巧

正所谓，一生二，二生三，三生万物。通过知识的迁移，可以产生更多的知识，就如同链式反应，知识发生爆炸！如图6-15所示。

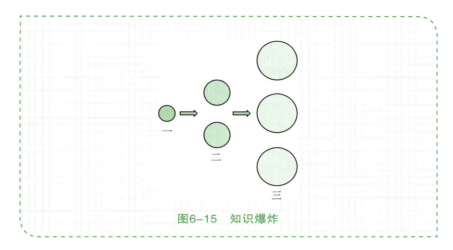

图6-15 知识爆炸

看到这里,有的同学会问,是不是只有科学大师才能做到知识迁移,又或是必须有海量的知识积累才能产生知识迁移?

当然不是!应该反过来,因为有了知识迁移能力,才能成为科学大师。也是因为有了知识迁移能力,能够帮助我们创造新知识、深刻理解知识,从而有助于我们的知识积累。

回到我们具体的学习上,究竟怎样才能算知识迁移呢?

其实很简单,举个例子,就是对于某个知识,换一个题型,特别是从未做过的题型,你能否想到利用这个知识来解答。

在之前的章节中,我们讲解过,当某个题型做得多了,在大脑中会形成大量的心理表征,再一次出现相似的题目,马上能够"再认",并且很快想到解决办法。这个就是专家的思维方式。

但是迁移则有所不同,要求的是,遇到几乎不相似的题型,知道该如何解答。这对很多学生是个难题,但是可以通过训练提高能力。

方法有五种,如图6-16所示。

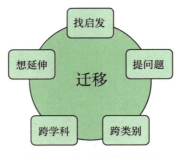

图6-16　知识迁移的方法

（1）收集新题目、妙题目、新知识，作为大脑跳跃性思维的启发。

这一点是根据启发式搜索理论而得出的方法。人类解决问题，需要经验的启发，即使经验在这个问题上非常匮乏，但是却极为重要。

重点要审视这个题目设置的巧妙之处，想想如果我是出题人，能不能想到这么巧妙的题目。

对于新知识，则审视这个知识是如何产生的，其中的精妙之处在哪里。

（2）自己出题。

想象自己是老师，根据知识，如何出新颖的题目，即题目背景多样化。

在这个过程中可以加深对知识的理解，更容易掌握知识的限制条件。

出的题目开始可以很简单，后面可以根据自己做题的深入，编造出更多的题目类型。

特别是可以根据自己的生活场景来编造题目。

比如，一瓶矿泉水中的水分子个数有多少？

再如，捡到一块石头，如何根据已学过的方法判断它的成分？

前者考查物质的量，后者考查物质的检验。

（3）训练跨知识类别思维。

比如，我们可以把代数问题几何化，把几何问题代数化，多角度、多知识解决问题。

有时候，换个知识解决问题，可能更慢，但是意义重大：其一，锻炼思维；其二，有了新的角度，说不定应用到其他场景就可能更快呢？

（4）训练跨学科思维。

这个方法，很多同学是没有见过的，也是比较困难的，但是一旦找到其中的乐趣，就会一发不可收拾。

例如，英语翻译古诗：请用英语翻译李白的《静夜思》。

再如，用化学知识作为习题背景来提物理问题：一个氯离子和一个钠离子相距 1 毫米时，静电吸引力多大？

跨学科思维，跨度比较大，需要更多的时间思考和发现，能有一次就很不错。

（5）思考这个知识有没有可能延伸。

比如我们学到三角形的重心。那么我们可以思考正方形有没有重心？平行四边形呢？四边形呢？

除了重心、垂心、内心、外心这些常见的"心"之外，还有没有其他"心"呢？

注意，很多时候知识迁移并不能快速完成，对时间的焦虑是大忌。需要比较多的时间进行思考，一旦完成一次知识迁移，你会感受到智力开发的无穷乐趣。

6.8 视觉 + 情绪：快速地存储和提取知识

我们对图像的识别能力远比文字要强。

比如告诉你一个知识，三角形内角和为 180 度。你的大脑里呈现的是文字还是图形？作者想大多数人呈现的都是图形。

再比如现在说出一只鸟的特点。你是不是马上在大脑里呈现出一只形象的鸟？然后根据这个形象来描述这只鸟，如图 6-17 所示。

图6-17　三角形与鸟

有的同学说,你描述的内容本身是图形的,所以会在大脑里呈现图形。如果内容本身不是图形的呢?

当然,如果描述的内容不是图形的,很可能在大脑里呈现的就不是图形。

但是,如果你能够把这个非图形的内容给图形化,一定可以帮助你记忆和提取这个内容。

> **小技巧**
>
> 我们人类有一个非常强大的能力,看一眼图形,图形中的大量信息都能被我们记住,远比文字快捷和迅速。

现在你可以做一件事,打开手机里的相册,看一眼最近拍的照片,然后马上关闭手机,接着用语言描述你看到的内容。

比如说,是一片蓝天。但是你细细回想,不只是蓝天,还有白云,白云占据了半边天,太阳正在往西边落下,远处高楼林立,再远处还有一座山……

你可以发现,无论多复杂的图片,都能在那看一眼之后,就有大量的内容存储到脑海中。而且,当你想要用文字描述出来时,不仅需要大量文字的表达,而且很多情境无法用文字描述清楚。

当然,文字有它的作用,概括性强,易抽象,对无法视觉化的信息可以用文字表述,而且在以前,图像比文字传递更加困难等。

但是,如果这个知识能够图像化,为什么不图像化呢?

即使是抽象的知识，我们也可以尝试图像化。

比如，我们看不到原子，但是我们在教授原子的知识时，都会把原子的图形画出来，如图6-18所示。

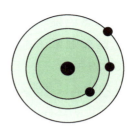

图6-18　原子结构模型

再如，这本书的写作，也尽量使抽象化的内容图像化，因为这样更容易阅读、更容易传播。

好了，现在重点来了，该如何图像化？

（1）要有这个意识，知识尽可能图像化，甚至动画化。

不需要把知识图像化成一幅美丽的画，那太费时间了，也做不到，而是画出来就可以了。

要是画得很难看、很抽象，有问题吗？没问题。我们的目的是什么？是记住知识。

我们简单试练一下，画出以下知识：盐酸可以和氢氧化钠反应。

这个怎么图像化？首先你知道，这两个反应的本质是氢离子和氢氧根反应，所以我就画一个球代表氢离子，两个串联在一起的小球代表氢氧根，让他们碰撞，然后结合成了水。

这就是简单的图像化，并不难。

但是用处很大，下次，你想到这个酸碱中和反应时，大脑里马上出现这个画面，可太好提取了。

（2）发挥想象力，通过类比、比喻、夸张等手法来画知识，加入一点情绪化的情节，效果更佳。

世界记忆大师们是怎么快速记住几十上百张牌的呢？他们就是先把每张牌想象成一个人，而这个人在做一件非常可笑或者非常可恨的事情。然后这张牌一出现在眼前，他们马上就能联想到对应的人和事，就立刻记住了。

比如黑桃二，可以将其想象成一只鹅伸长了脖子，要吃天上掉下来的黑色桃子，下一秒桃子砸到了头上，鹅被砸晕了，大叫一声"二"！如图6-19所示。

为什么要夸张、情绪化的情节呢？因为实践证明这样的情节，最容易让人记忆深刻！

我们回忆小时候的经历，那些情绪波动比较大的时刻一定是最深刻的，包括那些让你感觉最快乐的、最生气的、最悲伤的事情等。而那些平平淡淡的经历，则更难被想起。

图6-19　黑桃二的图像化

有的同学说自己没有想象力，无法对知识作出想象。

其实不然，想象力是我们人类特有的能力。

有研究认为，远古时期，哺乳动物为了躲避恐龙的捕食，不得不在夜晚出动，在短暂的清醒时间里寻找大量的食物，来提供营养和维持体温。

因此，哺乳动物进化出了记忆觅食场景的能力，这有利于哺乳动物在夜间快速找到食物。这便开启了想象力的第一步。

再后来，很多哺乳动物进化出了梦。

但只有人类，最后进化出了"有意识的想象"。

正因为有了"有意识的想象"，现在我们可以在大脑中，自由地翱翔于蓝天与鸟儿比高，或潜入大海与鱼群做伴，又或者化作微生物进入细胞一探究竟。

有一位同学说他想象自己是霍金，然后去思考物理问题，感觉如鱼得水。我一开始不是很理解他的想法，但是某一天看到一种学习方法叫假想游戏学习法，就是假想你是某个角色，或者假想自己参与某种活动，这样真的会在某种程度上使学习变得非常有趣、灵活、深刻。

有很多同学被限制了想象力，认为自己的想象很蹩脚。其实，不过是不够自信而已。我们要记住，你的想象属于你自己，只要你自己喜欢，怎么想象都可以。

大胆地想象，用好这个能力。用得越多，想象则越丰富，思维越开阔，这也十分有利于知识的迁移。

第 7 章

行动：缩小现状与目标的距离

7.1 72小时原则：现在就开始行动

我听到喜欢的音乐，就会收藏起来。特别好听的，还会单曲循环很久。但是再好听的音乐，过了一段时间，就会厌倦。对于收藏夹里的音乐，会很长时间不打开，反而是不断地去找新歌来听。

还有一个奇怪的现象，就是我们通常对身边的美景视而不见。住在桂林山中的人，对桂林山水没有甲天下的感觉。住在泰山附近的居民，则认为这五岳之首也不过如此。

相反，到从未去过的城市，即使并不是风景区，也会引发好奇心，总会找到新奇、美妙之处。

杜甫的爷爷杜审言，有一句诗一针见血地描述了这样的现象，"独有宦游人，偏惊物候新"，说的就是外来的游人，才会对这异乡的物候景色感到新奇。

食物也是如此，再好吃的食物天天吃也会腻掉。

作者小时候喜欢吃方便面，后来有一次买了一大箱来吃，天天吃，吃到想吐，现在再也不想吃了。

人类天生喜新厌旧吗？

研究发现，老鼠对熟悉的事物，大脑活动会在短时间升高，然而这短时间的升高却激发了大脑抑制行为，导致大脑整体活动减少，也就是没什么感觉了。

相反，新鲜的事物，则会导致大脑整体活动的持续升高，保持较长时间的兴奋状态。

这个研究举了一个例子来说明这种情况的必要性。如果你进入房间，对熟悉的台灯、书架过于关注，就会忽略可能站在旁边的窃贼，如图7-1所示。

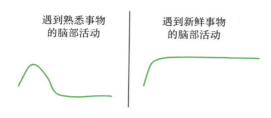

图7-1 遇见熟悉事物和新鲜事物的脑电波

新鲜感在学习上也十分重要,特别是对于刚制订的计划。

> **小技巧**
>
> 当我们受到启发或触动,爆发了雄心壮志,制订了非常漂亮的学习计划,那么就应该让这个计划马上实行起来,不要等待!否则,这个计划会在拖延中变得没有新鲜感,丧失魅力,让你觉得没有必要去实行。

学习计划搁置太久,你就会在心里产生一种熟悉感,这种熟悉感会让你误以为,这件事不重要。古人所说的"一鼓作气,再而衰,三而竭"大概也是这个原因。

有人说,决定要做一件事情,那么就应该在72小时内去做,如果超过72小时没有行动,就很可能一辈子都不会去做。

作者非常赞同。这个72小时原则,虽然看上去有点夸张,但是在某些情况下非常准确。特别是针对那些看上去不那么必要和紧急,但是却很重要的事情。

比如,某一天,你计划认真读一遍《红楼梦》。虽然,你知道要完整地阅读《红楼梦》对语文考试和成绩没有那么大的必要,但是却对你的文学素养有较为深远的影响。

类似这种目标,如果拖延两三天而不开始阅读,很可能就会很长时间都不实现,真的可能一辈子都再没有想法,如图7-2所示。

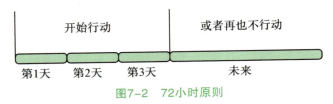

图7-2　72小时原则

作者自认为是一个比较有决心和耐心的人。但是,一旦作者做的计划,因为一些事情拖延了两三日,也很可能一直拖延下去,即使作者心里还有这些事情,但是却感觉不重要了。

比如说,前段时间,作者点了一个外卖,觉得那家店的东西实在太好吃了,决定吃完一定要给一个好评。结果因为一些事情耽误了,然后直到现在也没有去给个好评。

作者遇到一位语文老师,他说他毕业后十多年来,从来没有认真地看完一本书。作者十分震惊!他的意思是,因为教学任务比较重,每次打算好好读一读书,都不了了之。

有时候老师固然很繁忙,但是寒暑假呢,总不会没时间吧?作者想还是缺乏行动力,拖延导致每次的计划失去新鲜感,反而可能使计划在心理上变成负担。

这种拖延更可怕之处在于,对于必须做的事情,压力会越来越大。

根据相对论,当速度接近光速时,物体惯性质量会无穷增大。作者觉得这个原理完全可以类比于压力与时间的关系。

当我们必须做的事情接近时间节点时,压力会无穷增大,如图7-3所示。

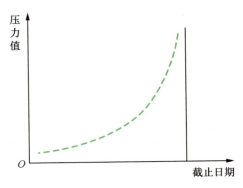

图7-3　临近截止日期压力陡增

有的人能够在压力增大到某个程度时,奋起直追,废寝忘食地去赶进度。结果是,可能完成了目标,但是也筋疲力尽,对下一步目标的实施甚至会有负面影响。

作者做了一个很有意思的调查,就是在某一个暑假结束的前一天,提了一个问题:"大家的暑假作业做完了吗?"有 500 多人参与了回答,结果显示 62% 的同学没有做完,只有约 38% 的同学做完了,如图 7-4 所示。

图7-4 暑假作业调查情况

作者相信,这 62% 中的大部分同学在这暑假的最后一天会把暑假作业做完,即使这之前一个字没有写。

作者也相信,这暑假作业对他们而言意义不大,甚至有害。因为这样到最后时刻才拼命赶写作业,带给他们的压力是极大的,对身心健康都没有好处。

而有的人,最后面对这样的压力,则直接放弃,干脆破罐子破摔。但是却又未必愿意面对老师的批评,开学之后的压力依然会有。

所以,最好的办法还是,马上开始行动,步步为营。

只要开始行动了,每一次行动的成果就会带给我们成就感,这样的成就感又会带给我们新鲜感,因为站在不同的高度会有不同的风景。所以,只有不断地前进,才能打败"喜新厌旧"的魔咒。

我甚至觉得把这个时间直接缩短到 24 小时,我们应该在 24 小时内对可以马上行动的计划采取行动。即使走的第一步不是很完美,没有关系,正所谓,"开始了,就等于成功一半"。

7.2 福格模型:行动的三个条件

不要做"思想的巨人,行动的矮子"。说得容易,做到可不容易。

很有意思的一个现象,就是每次在考试结束后就会有大量的学生开始发愤图强,开始找作者问很多的学习问题。大家平时为什么没有这么积极呢?

> **小技巧**
>
> 斯坦福大学的教授福格提出了一个人类行为模型,叫福格行为模型。一个人采取行动,一定会具备三个条件:一是动机,二是能力,三是提示,如图7-5所示。
>
>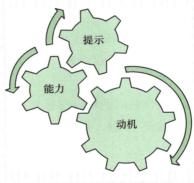
>
> 图7-5 福格行为模型

当动机足够强,你又拥有实现这个动机的能力,这样够了吗?还不够,很多时候,我们并不会去做这件事情,原因就在于缺少一个提示点。

比如说你是一个很善良的人,你很乐意去帮助那些需要帮助的人,这就是你的一个动机。

那现在在街边有一个乞丐,你从他身边走过去,你有这样的一个动机,你想帮助这个乞丐,但是呢,你身上现在没有带钱,你不会给出这钱帮助他。这就是说,你当时没有这个能力。

另外一种情况就是,你身上有几块钱,但是你有比较重要的事情要去做,你只是从这个乞丐身边走过,你可能也不会给他钱,因为你并没有关注到他。

假设，你从他身边走过，这个时候乞丐向你伸出了手，他说他只要一块钱，买一个馒头吃。

这就是一个提示行为。你现在身上有零钱有这个能力帮助他，你也有想帮助乞丐的一个动机。你很大程度上会施舍这一块钱。

根据这三个条件，我们来观察一下，为什么考试之后我们的学习行为变多了呢？

（1）动机。

你想要提高成绩，想要查缺补漏，而且在考试成绩出来后，你很明确地知道自己有哪些不足的情况下，动机更强烈。

（2）能力。

大多数采取行动的同学，一定都是认为自己有这个能力通过努力来掌握更多知识和提高成绩，所以在主观上达到了能力条件。

（3）提示。

考试，就是一个提示。

平时很多同学都会想学习，也有那个能力，但是相对而言，有成绩的刺激，一定会激发更多的学习行为。

是不是有动机、有能力、有提示，就一定能发生行为呢？

并不是。

注意，我们说的是，行为发生一定有这三个条件，但是有这三个条件并不一定会发生行为。

为什么呢？

首先，动机有强弱之分，动机越强，对行为越有促进作用。

那如何形成强烈的动机呢？我们在第1章有针对动机的详细分析。

要注意的是，其实我们在采取行动的时候，常常并不是单一的动机，而可能是多重动机的叠加。

比如针对高中选科这个行为，动机就有多重叠加的情况。大多数同学不仅考虑兴趣,还会考虑自己的擅长、学校的师资、未来的就业等情况。

不管是外在动机还是内在动机,都可以被利用。虽然内在动机可能更持久,但是有一个外在动机作为辅助,并没有什么不妥,不需要非得把两者对立起来。

其次,能力条件,跟制订的目标有关。

很多人都有自己的梦想,比如未来成为宇航员,成为伟大的科学家,或者促进人类的进步等。但是为什么很多人在后来离梦想越来越远呢?

有人会认为是目标太高的原因。并不是,真正的原因是目标与当下的行为没有建立联系。

要想梦想成真,应该做的是,把看上去遥不可及的目标拆解成一个个子目标,直到眼前能够明确下一步要做什么,而且这一步很简单,是你力所能及的,如图7-6所示。

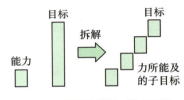

图7-6　子目标要与能力匹配

注意,你的能力与子目标相匹配就够了,不需要马上达到远期目标。因为我们的能力会随着实现子目标的过程逐渐增大。

最后,就是提示。

这是非常奇怪的现象,我们总是默默等待一个提示的到来,提醒我们应该做什么或者不应该做什么。

我们人类常常自诩有主观能动性,但是主观的思想有时候并不能完全触发行为,反而是环境的刺激很容易导致人类行为的发生。

这一点跟动物很类似,比如雌火鸡照顾鸡宝宝,依赖的是小鸡发出"叽叽"的声音。如果小鸡始终不发出"叽叽"的声音,雌火鸡则可能抛弃它。

动物学家福克斯做过这样的实验,他把一只臭鼬玩具,放置在火鸡窝，臭鼬是火鸡的天敌，雌火鸡看到臭鼬就会大叫，用嘴啄它，用爪子抓它。但是当这个臭鼬玩具发出"叽叽"的声音时，雌火鸡竟然会像照顾鸡宝宝一样照顾这只"天敌"。

所以，我们应该主动去设置提示点来触发学习行为。

有的人说，我就在大脑里设置提示点，到了时间我自己主动去学习就行了。

然而事实是，在大脑设置提示，需要占用工作记忆。一旦你专心做某些事，就会把工作记忆占满，你设置的提示也会被挤掉。

比如你在玩游戏，你想好玩半个小时就停止，但真实情况是，一个小时后，才想起你要学习了。

设置提示的方式多种多样，比如闹钟、贴纸或者让别人提醒你。总之有提示绝对比没有提示更轻松、更自律。因为人类天性如此，如图 7-7 所示。

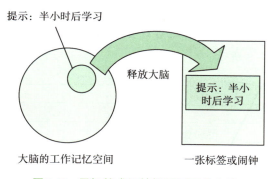

图7-7　用标签或闹钟提示而不是大脑

当然，当你在某时刻或某个空间做某事已经成为习惯，可能就不需要提示了。比如有的人，每天早上 6 点钟就会准时醒过来，因为他的身体已经形成了生物钟。

福格行为模型还可以应用在不做某事上。我想要让某件事停下来，那么就可以从减弱动机、削弱能力、设置提示这三个方面进行。

比如想要停止手机游戏，那么就可以强化游戏对你不重要甚至有害的认知（削弱动机），然后意识到自己无论多么努力也无法达到顶尖职业选手级别（削弱能力），再在手机屏幕上设置"游戏是我的敌人"之类的屏幕保护（提示）。

那么，游戏就会离你而去了。

7.3　间隔效应：让遗忘帮助记忆

时间会让记忆逐渐消失，这是客观事实。这样的客观事实既让人悲伤，又让人喜悦。

悲伤是因为我们总想记住一些美好的、有价值的记忆，但是它们会随时间逐渐消失。喜悦是因为时间同样会带走那些痛苦的和没有价值的回忆。

第一个从科学上客观研究遗忘这个现象的科学家叫赫尔曼·艾宾浩斯。他通过研究几千个无意义单词的记忆，发现了记忆曲线。他发现他记忆的单词在20分钟之后就会消失近50%，两天后就剩下27%左右，如图7-8所示。

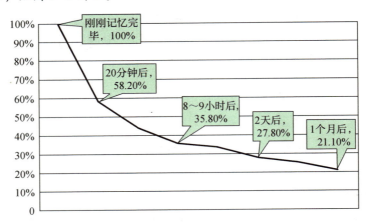

图7-8　艾宾浩斯遗忘曲线

这是惊人的遗忘速度。有的人说要是不会遗忘就好了，一辈子都记得这些知识，就不会在考试中出现错误。但如果为了考试不出现错误，对所有信息具有过目不忘的本领，会导致一个非常可怕的结果。

不遗忘的本质就是你看到的所有的无意义的，包括悲伤的不悲伤的信息都会存储在大脑里面，而且提取容易程度完全一致。

结果就是，每当清晨你睁开眼睛就会有大量的无意义的信息涌进你的工作记忆当中，这些巨量信息相互冲撞，你根本无法认真思考，你将会疲惫不堪。

所以我们要知道，拥有遗忘的能力，对人类本身是有利的。它的本质就是消除那些干扰信息，留存那些对你来说重要的信息，这样，人类的大脑才有正常思考的能力。

那到底什么样的信息是重要的？这并不完全由你主观去作出判断。当然，主观有一定的作用，比如说你信任这个知识，那么对这个知识的记忆就会更久。

还有另外两个非主观的外在指标。

一个是这个知识是否有意义？如果你只是机械化地记忆，那么就没那么重要，不容易被记住。如果是理解之后的记忆，这个知识就有了意义，那么就更加重要，更容易被记住。

另一个指标则是用进废退，你经常使用这个知识或者回忆这个知识，大脑就会自然地觉得这个知识重要。相反，如果从来不回忆和使用这个知识，大脑就会自动认为这个知识不重要，逐渐削减它的神经连接。

那么是不是在理解的基础上，只要频繁地重复，就能够将知识牢牢地记住呢？并不是。

作者曾经有过这样的经历，作者背诵语文课文效率十分低下，别人都背完了，作者却总是磕磕巴巴。作者非常懊恼，决定每天花更多的时间频繁背诵，但是无论花费多少时间，效果都是非常不明显。

现在回想起来,作者明白其中的原因,一方面在于没有足够地理解课文,缺少意义的帮助;另外一方面,当作者在背下来之后,却想着短时间内达到非常熟练,频繁复习,这并不利于记忆。

我们知道,当我们对某一事物熟悉之后,大脑整体会处于抑制状态。也就是说,当你已经记住课文后,虽然口中频繁诵读,其实大脑已经不活动了,所以,这样的诵读没有意义。

> **小技巧**
>
> 研究发现,相对于频繁复习,间隔一段时间的复习,对知识的记忆保持时间会更长久。

为什么会有这样神奇的现象?

科学界争论很多,可能的原因是,间隔一段时间后,会更有新鲜感,大脑活动增多,如图7-9所示。

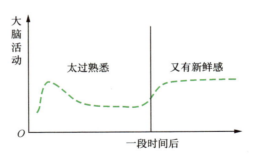

图7-9 间隔一段时间后旧知识也有新鲜感

也可能是知识的某一部分记忆不深刻,时间间隔长会使这一部分容易被遗忘,再一次复习则会加强这一部分。

还有可能是,在不同的时间和空间下复习,背景不同,对知识打上的标签也会不同,也就是说,你可以从多个角度提取该知识。

这个间隔时间应该多长最合适呢?

心理学家哈里·巴利克(Harry P. Bahrick)做过一个历经5年的

实验,他发现在同样的复习次数的情况下,每两个月复习一次的效果,要比每月复习一次,以及每两周复习一次,都要更好。

但是,如果每两个月复习一次,我们的考试可能已经结束了,似乎并不适用于我们的学习。

后来,一组科学家针对1000多名学生又进行了一次实验,目的就是明确间隔多长时间复习有利于考试。

结果如图7-10所示,距离考试不同的时间,最佳的复习间隔有所不同。

待考时间	两次学习间隔时间
1星期	1~2天
1个月	1星期
3个月	2星期
6个月	3星期
1年	1个月

图7-10　最佳复习间隔

大家可以根据自己的考试时间来安排复习。

但是在安排的过程中,你会发现,你在学习第1章知识的时候,距离考试有两个月时间,但是当你学习第2章知识的时候,距离考试只有1个月的时间。那么第1章与第2章知识的复习间隔就应该有所不同。

还有一个要考虑的问题,就是我们是否应该根据月考,还是期中考或期末考来安排复习间隔呢?这就是你需要作出选择的了。

也就是,在间隔复习的时间安排上,并不是只有唯一的选择,你应该根据自己满意的标准来做计划。注意,是满意,不是最佳,西蒙的有限理性告诉我们,我们无法做到最佳,但是可以做到满意。

但无论如何,我们要知道间隔效应是存在的,间隔复习比频繁复习效果更好。

7.4 知行合一：如何突破固有的局限

我国历史上有一位哲学家叫王阳明，他的核心哲学观点是"知行合一"。

他认为一个人的所有行为一定是符合他的认知。这是客观规律。

比如，你说你知道读书很重要，你也很想读书，但是你的行为却是去打游戏。

这说明什么，说明你当前的认知一定是，打游戏比读书更重要。因为打游戏可以给你带来更多的快乐，学习则很枯燥。所以你选择了去打游戏。

只是你这种想法没有被展现出来，可能是你自己没有意识到，也可能是你故意掩盖。

总之，王阳明认为，你的行一定反映了你的知。知和行是不可分割的一个整体，如图7-11所示。

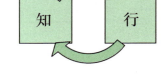

图7-11 知和行是一个整体

这是一个很重要的发现。

那既然我们的知和行是一个整体，是不是就验证了一句话，"我们无法获得认知以外的成功"？

似乎是这样，局限的认知，只能产生局限的行为，局限的行为也只是反映局限的认知。形成了一个闭环，似乎无法相互促进。

那该如何打破这样的僵局呢？如何更好地实现自我价值呢？

当你有这个想法的时候，就意味着已经有了突破。

小技巧

寻求进步的积极想法，就是一种认知。抓住这样的认知，设定一个目标，然后通过行为不断逼近这个目标。这个过程，便打破了原有知行的牢笼。

无论何时,无论你处于什么样的低谷,只要保留寻求突破的想法,你一定能够一步一步突破知行的局限,走出低谷,如图 7-12 所示。

图7-12 想要突破才能打破局限

(1)人是思想的动物。

既然有想要突破的动机,那么你就会尽可能调动大脑已有的经验和知识,相互碰撞,产生新的思想,也就是新的认知。

笛卡儿说"我思故我在",寻求突破的思维,才能产生新我。

科学上的重大成果,都是经过不懈的寻求突破而发现的。

比如,爱因斯坦对光的思考发现了相对论,西蒙对游乐场项目的思考发现了有限理性,牛顿对苹果落地的思考发现了万有引力,安德鲁·怀尔斯对椭圆曲线的思考解决了费马猜想等。

(2)我们需要多种多样的认知,被实践的是真知,未曾被实践的可以被称作假知。

假知就是不好的吗?不是的!我们需要假知的存在,假知可以被看作猜想,只是还未被验证。猜想的作用在于,可以在某一时刻被选择用于实践。

就像你选择打游戏而不选择学习。你的已有认知认为打游戏可以愉悦身心,这是被实践验证过的,是一种真知。

但你也猜想学习可能会很有价值,并可能带来更高层次的愉悦。但这只是别人告诉你的,你可能还没有实践,只是一种猜想,是一种假知。

当你想要有所突破时,你可以选择这个猜想进行验证,然后,你真的发现这个猜想是正确的，假知就会变成真知，如图7-13所示。

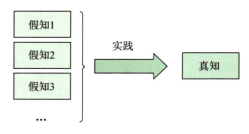

图7-13　假知通过实践变为真知

这与西蒙所说的有限理性不谋而合，理性虽然局限，但是极为重要，并且应该努力拓展这种局限。拓展局限就会增加假知，为下一步实践假知做准备。

拓展局限的办法有两种：一是阅读书籍，二是寻求组织帮助。

阅读书籍很容易理解，想要更多的学习方法，就去找学习方法的书籍。想要更多的解题方法，就去找讲解题的书籍。

寻求组织是什么意思呢？三人行，必有我师焉。找到那些与你目标相符的人，向他们学习，相互促进。比如与你学习目标相符的老师、同学、朋友以及家长。他们是你学习方向上的组织，他们会拓展你在学习上的认知。

现在网络发达，网上分享学习经验的人也是你学习目标上的助力，也可以帮助你拓展局限。

（3）向未知领域的探索，会产生新的认知。

探索就是一种未知的行为，你不知道这样的行为可能有什么样的后果，但是你唯一肯定的是，这样的探索一定会有新的体验、新的想法产生。

也许这种探索也是对某种猜想的验证。但很多时候，只是一种直觉，想要有所突破的直觉。

比如偏科，你可能数学很好，接近满分。但是你的语文成绩却非常糟糕。有的人，扬扬得意，以此为傲，不认为学好语文有什么意义,如此,便不会有新的认知和新的行动。

但是,一旦你想要有所改变,不想故步自封,很可能你并不知道如何学习语文,没有经验。但是,你敢于探索,不怕失败。你付出时间和精力,去学习语文,在这个学习过程中,你逐渐掌握学习语文的一些方法,语文成绩虽然缓慢但坚定地发生着改变。

在实践学习语文的过程中,产生了新的认知。你发现,原来语文并不令人讨厌,也并不是无法突破。只不过是,旧的认知局限了你。

所以,去做未曾做过的事,去坚持未曾坚持过的事,你的思维会发生改变,你的生活会发生改变,如图 7-14 所示。

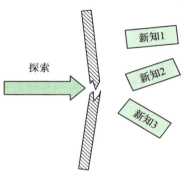

图7-14 探索产生新知

《庄子》中,惠子曰:"子非鱼,安知鱼之乐?"那么,我们就成为鱼,自然就能体会鱼之乐。

知行合一,假知可变真知,未知的行可生成新的知。关键在于突破固有局限的积极思想。

7.5 观察时间:与时间做朋友

有些人非常厉害,一分钟能掰成两分钟花。如果不是这样,又如何解释这些人的成就?

社会学家尼克拉斯·卢曼一生出版了 58 本著作,发表数百篇文章。

昆虫学家柳比歇夫一生出版了 70 多部学术著作,业余时间收集 35 箱地蚤,共 13000 只。

学者李敖一生至少写了 100 本书,其中《北京法源寺》还被提名为诺贝尔文学奖。

还有达·芬奇，擅长绘画、雕刻、发明、建筑，通晓数学、生物学、物理学、天文学、地质学等。

每个人的时间大都是那么几十年。为什么有的人能够在这几十年的时间做那么多事情，有的人却什么也没做成？难道每个人的时间有什么不同吗？

作者不知道他们如何运用时间，作者也不想告诉大家如何提高效率。

这里作者只告诉大家感知时间存在的方法。

> **小技巧**
>
> 时间本身无影无踪，时间的表现在于事物的运动。那么观察时间，本质上是观察事物的运动。把你经历过的事记录下来，就是观察时间。

这样的记录，标记了你的人生，你也知道你的发展轨迹，如图7-15所示。

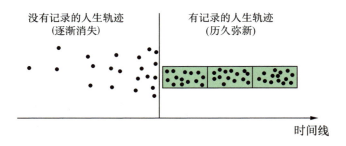

图7-15　记录让人生轨迹清晰可见

这有什么用呢？

太有用了。

作者的孩子出生以来，作者每过一段时间就会记录他的成长。几个月以后，作者回头看这些记录，发现，好多生动的细节跃然纸上。

如果没有这些记录，作者一定不会记得当时的情景，又如何回顾那些温馨时刻。

这让作者明白，记录，意味着过去的人生不再虚无，而是客观存在的。

回望作者的教学生涯，留下了什么呢？突然发现，空无一物，什么都没有，那些几年前的学生的名字、他们的表现，都变得很模糊。努力去回忆，情景支离破碎，遗忘的，就真的遗忘了。

正是这样的遗忘，让作者警醒，决定收集好过去的点滴，努力观察当下的每一分、每一秒。

于是作者如饥似渴地学习教学知识，总结、实践并记录作者的教学经验，通过这样的积累，关于教学的有价值的想法越来越多，这也直接导致了本书的产生。

这样的积累价值对作者而言极其重要。不积跬步，何以至千里？

但是作者总感觉这样的记录缺少了一点东西，它更像日记或者笔记。

作者回想起曾经读过的一本书，作家、投资家李笑来所写的《与时间做朋友》，突然醍醐灌顶，作者的记录缺少时间的痕迹，更多的是事件。如果把事件与时间标尺联系起来，对时间会有更具体的感知，如图7-16所示。

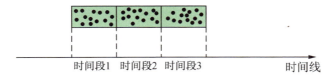

图7-16　添加了时间段的人生轨迹

书中介绍了昆虫学家柳比歇夫对时间的记录方法：所做事件＋所

用时间。

  乌里扬诺夫斯克（地点）

  一九六四年四月七日

  分类昆虫学（画两张无名袋蛾的图）——三小时十五分。鉴定袋蛾——二十分。

  附加工作：给斯拉瓦写信——二小时四十五分。

  社会工作：植物保护小组开会——二小时二十五分。

  休息：给伊戈尔写信——十分；

  《乌里扬诺夫斯克真理报》——十分；

  列夫·托尔斯泰的《塞瓦斯托波尔纪事》——一小时二十五分。

——————————

  基本工作合计——六小时二十分。

  可以看到，这位昆虫学家，把自己经历的时间记得非常清楚。

  这样带来的好处是，他对时间的流逝了如指掌，一方面可以帮助他准确地预计接下来的工作所要花费的时间；另一方面，也能够督促他把时间有效地利用在有价值的事情上。

  书中还描述道，经过这样的训练，柳比歇夫对时间的感知十分精准，不需要借助时钟就能知道时间过去了多久。

  无独有偶，作者在阅读卡尔·纽波特博士所写的《深度工作》这本书时，发现他也有类似的记录时间的方法。

  他更加简略，每一周，用一张纸条写下他深度工作的时间，如果有重大进展则做一次标记。他把这样的纸条贴在最醒目之处。

  他也认为这有利于他对做一件事需要的时间有一个清晰的感知，还极大地督促了他挤出更多时间深度工作，让他的工作时间也更加有规律，如图7-17所示。

  除此之外，他还做了一件非常重要的事情，就是每周对工作时间进行一次回顾，庆祝成功的一周，或者厘清这一周为什么糟糕，并根据之前的情况对下一周工作计划作出调整。

可以看出纽波特与柳比歇夫的区别在于，他更专注于记录某一项工作的时间，并定期回顾和调整。

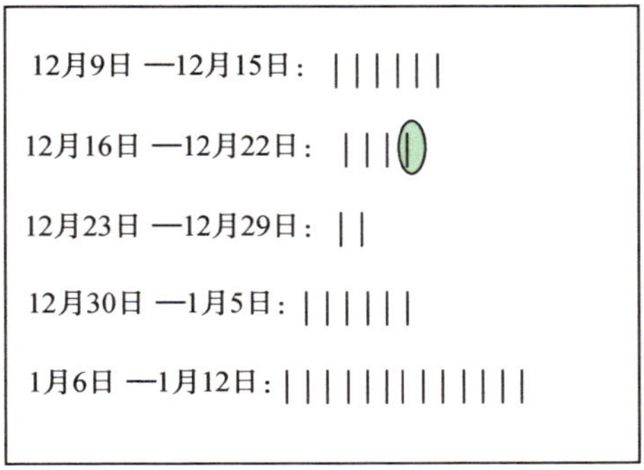

我们可以借用他们的记录方法在学习上。

作者的建议是，集中记录非课上时间，也就是课间、晚上、节假日，你在学习上所花费的时间，并着重标记出你在自己设定的目标上所花费的时间。

```
12月9日 —12月15日：||||||
12月16日 —12月22日：||||
12月23日 —12月29日：||
12月30日 —1月5日：||||||
1月6日 —1月12日：||||||||||||
```

图7-17　卡尔博士深度工作时间记录

比如：

7月14日

复习数学三角函数——十分钟

完成化学氧气习题——三十分钟

背诵英语单词二十个（目标性学习）——二十分钟

完成语文作文一篇：什么是诚信——三十分钟

……

时间汇总：五个小时

然后，每周汇总学习时间，总结自己这一周的收获，在这一周的学习时间相对于上一周是更多了还是更少了，为什么？预计下一周有多少学习时间，特别是目标性学习时间有没有可能增多。

7.6　躺平思维：快乐的陷阱

躺平真是一件快乐的事！作者以前不懂躺平有什么乐趣，直到作者的孩子出生以后，作者时常被老婆批评懒惰（有孩子后，真的有太多事情要做）。

有一天作者很不乐意，于是干脆承认："我天生懒惰，我也想勤劳，但就是勤劳不起来怎么办。"

作者老婆就说："那你去想办法克服呀，去学学别人怎么勤劳的呀。"

作者说："没办法，我是很笨的人，想学也学不会，也不知道怎么学。"

作者老婆气得牙痒痒，但是作者却非常快乐。

接下来作者承认了老婆对自己的所有"指控"，然后装作很委屈的样子看着她。

她拿作者一点办法也没有，只能自己生闷气。

> **小技巧**
>
> 突然间，作者发现，这与学习的情况完全一样。很多人通过"我很想学好，但是我不聪明，学不会""我天生不爱读书，我也没办法"这样的自我贬低和定性，让自己"理直气壮"地躺平，如图7-18所示。
>
>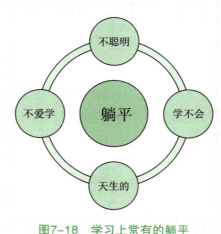
>
> 图7-18 学习上常有的躺平

这真是快乐的事情。只要说一句话，就可以不做任何事情。

然而这样的快乐是短暂的。

作者自己的例子告诉作者,躺平的结果是,夫妻两人持续的冷战,夫妻关系会越来越糟糕,最终可能会陷入危险,那时候一定是不快乐的。

作者及时采取了措施,改变局面,措施主要是两个方向:一是探讨合适的沟通方式,减少消极的语言;二是讨论问题本身,思考解决方法,双方做出努力。我们相信,只要肯去找办法,一定能找到办法的1、2、3。

很多人选择了躺平之后会一躺到底,特别是家长和老师对你没有办法的时候,一躺到底真的看似是最爽的办法。

有的人,躺了很多年,直到走上社会才突然发现,社会不让你躺了,你得站起来,但是肌肉已经松弛,站不起来了。这是很悲伤的。

然而,要注意的是,很多时候这并不是你个人的问题。有些糟糕的情况是这样发生的,你稍微做得不好,家长、老师马上给你施压,即使你做得好,他们不仅不夸你,还要求你精益求精,当你始终处于这种高压环境中时,很难不崩溃。

为了防止自己垮掉,选择躺平是一种自我保护。

如果你遇到这样的情形,作者建议你躺平!但是作者希望的是,你采用口头躺平、实际奋斗的方式来面对。因为真正的躺平损害的是你自己,我们根本不用在意他们说什么,口头躺平就是消解他们的喋喋不休,用实际行动来提高自己。

有一种躺平,是不知不觉的。

我们常常习惯于把时间花费在容易的、马上就能成功的事情上,这就是一种不知不觉的躺平。

作者遇到过一些同学,他们很喜欢找老师答疑,问很多很简单的问题,他们期待快速得到答案。然而这些问题的答案非常显而易见,只要稍微认真系统地看一遍书,就能弄明白。

系统地看一遍书，表面上花费的时间比较长，实际上获得的知识比通过问问题要多得多，而且更容易形成知识体系，如图7-19所示。

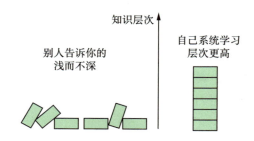

图7-19　别人告诉你与自己系统学习的区别

作者在大学时，有一段时间对植物很感兴趣，经常给植物拍照，然后发给有植物专业知识的同学，让他们帮忙辨别。开始，他们都很热情，作者也很快知道了一些植物的名称。

后来，作者发的植物照片越来越多，有时候一发就是十几种，这些同学很快就没有时间再理作者。

这个时候作者也才发现，作者对植物的辨识能力仅仅停留在他们告诉作者的那些种类，作者依然没有能力去辨别新的植物。

于是，作者尝试去查资料，系统地学习植物辨别，才知道有"植物志"这种东西，才知道有"植物检索表"，才知道可以根据科、属特征去把植物归类，再根据具体细节去辨别种类。

这个过程虽然看上去比直接问别人要慢，但是通过这样系统的学习（虽然只学了皮毛），作者对植物的辨别能力却得到质的提升，能够辨别的植物种类远远多于别人告诉作者的那些种类。

科学家们发现一个原理叫"必要难度原理"，当知识经过一定难度再存储到大脑中之后，提取这些知识会更容易。相反，采用快速、简单的方式把知识存储到大脑中，看似提高了效率，却不利于高效提取和使用知识。

也就是说，一味地追求快速、简单，反而不快速、不简单，如

图 7-20 所示。

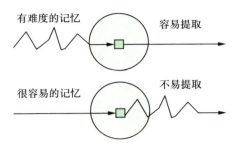

图7-20 必要难度原理

躺平的最大坏处就是躺不平。

还有一种躺平并不彻底,是带着焦虑的躺平。

他不想真的躺,但是不敢去面对可能的失败,只能麻痹自己,做一些无关的事情,默默承受压力。

作者看到过一个故事,一位博士生,长时间没有毕业,包括他自己和家人压力都很大,但是他始终没有下定决心去写论文,即使他有做实验,也有很不错的数据,但他依然选择逃避。

最后,在他即将崩溃的时候,他选择拼一拼,结果只用了半年的时间,就整理出 5 篇质量很不错的论文,顺利发表,也顺利毕业,虽然这半年很忙碌、很曲折,也经历了很多挫折,但是很充实。

他对自己的总结是,真想抽自己,浪费了那么多年的时间,如果自己能早一点勇敢面对,早就能毕业了,而且能做的事情远比现在要多。

所以,真正打败焦虑式的躺平,就是马上、现在、立刻行动,让自己充实起来,焦虑将烟消云散。如图 7-21 所示。

还有两个值得分享的经验,一个是不断强化对目标的渴望,因为

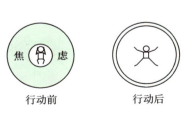

图7-21 行动让焦虑烟消云散

渴望会让你分泌多巴胺,让你朝着目标前进的过程中伴随着快乐。另一个是,我们可以根据自己的目标,对我们所经历以及正在经历的事情赋予积极的意义。

有的人看到挫折,只是挫折,看到失败,只是失败。而有的人看到挫折,想到的是"梅花香自苦寒来""好事多磨",看到失败想到的是"失败是成功之母""没有什么比经历失败更能锻炼人"。

所以,我们应该相信,我们的努力奋斗一定会让我们的收获更加丰盛、成功更加坚实。

7.7 黑屋子拳击:有时候成功只是因为行动

没有完美无瑕的目标,西蒙就曾经更换很多目标,从士兵,到护林员,再到科学家。

"我有诸多抱负,却从未想过要在漫长的人生中保持前后一致。"

但是具体而言,"他不会在充分理解一个问题前,轻易放弃某个主题"。

同样也没有完美无瑕的方案,如图 7-22 所示。

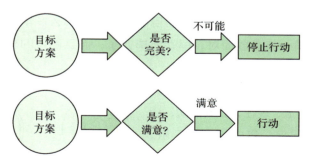

图7-22 没有完美的目标与方案

西蒙在高中时,在一个名叫戴维斯的成年人的带领下,用了几年的时间参与了一个沼泽农场的创业。夏天的时候,他白天在农场干活,下午在干草堆上学习微积分。

然而这样全情投入的创业项目却失败了。

戴维斯自杀了,牛群冲破了围栏。

"这次创业活动的失败,实际向我证明了一个道理:理论上不管有多可行,有多么明显的支持,都会轻易被残酷的现实打倒。"

"戴维斯给我们带来了一个草场放牧、饲养牲畜天衣无缝的商业计划,牲口却不买账,也难怪我对主流经济学的先验主义有着深深怀疑,八成跟这次经历有关。"

失败并不是一件可怕的事情,不行动才是可怕的事情。

> **小技巧**
>
> 在一个黑屋子里有一场拳击比赛,一群人在挥舞拳头,如果你也在这个屋子里,你应该做的是挥舞拳头!而不是思索采用什么样的招式,迟疑的一瞬间,你可能就被别人击倒。

西蒙提出了在"干中学",在行动中才能知道你学习的知识的限制条件,如图 7-23 所示。

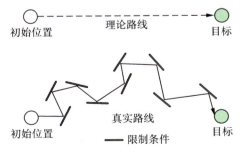

图7-23 行动中才知道限制条件

从我们的学习角度来说,分为两个层次。

（1）学习方法并不是最重要的，更重要的是学习本身。

学习方法会占据工作记忆，如果将大量的时间花费在这个上面的话，大脑就没有空间去学习了。

之前我们也提到过中度干扰，说的就是我们虽然需要学习方法，但是不要太频繁地去找学习方法。

没有最好的学习方法，只有满足一定条件的学习方法。

网络上有一位博主，他写了一句话，非常有道理，我觉得与西蒙的理念不谋而合："你取得的任何成果，本来就是从使用错误的方法追寻错误的目标的过程中得来。"

这句话什么意思呢？就是说这个世界上没有绝对"正确的方法"，也没有绝对"正确的目标"，选定一个目标，再采用一些方法，专注于努力即可。不应该过分执着于目标与方法的正确与否。

作者听过一个故事，一位企业家 A 偶遇一位非常有思想的人 B，A 谈到他正计划创业一个新项目，B 对这个新项目很感兴趣，有合作意向。

B 和 A 花了很多时间一起去考察，考察过程中 B 还提了不少有建设性的建议，A 很高兴，认为 B 确定与自己合作。

然而当项目要有实际性进展的时候，B 却退出了，他认为这个项目可能不够持久、可能准备不足、可能会有一点风险……他提了很多可能的问题，面对这些可能的问题，他选择放弃。

很多年后，A 把项目做得很好，而 B 一直没有真正地创业，始终徘徊在寻找和思考完美的项目中。

面对学习，我们应该向 A 学习，要有一定的冒险精神，不应该像 B 一样总是想着去找绝对正确的目标和方法，如图 7-24 所示。

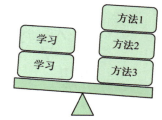

图7-24　过分考虑方法会忽略学习本身

对于这本书，作者也只是努力写下作者认为比较有价值的内容，但并不是绝对正确，你可以选取其中任何你觉得适用的方法或原则去尝试，希望你能有所收获。但不要徘徊于该用这个方法还是该用那个方法，以至于把时间过分浪费在努力之外。

学习中，最有价值的是你朝着目标的努力，并把热情投入这个努力的过程中去。

（2）针对学习的具体知识。

我们在学习完知识之后，并不是简单地学会了概念或者例题就结束了，更重要的是练习。

在练习中，我们能够知道这些知识在什么条件下可以应用、什么条件下不可以应用。同时，也能够知道我们学习的重点是什么。

千万不要把练习跟学习知识割裂开来，我们要在练习中学习，甚至在考试中学习。

有位高三同学问作者"老师，做离子共存的题目有什么方法"。作者告诉他，找二三十道离子共存的题目做一下，订正后，对比总结一下。

然而这位同学问"有没有简单的方法"，原来他只是想要作者对离子共存题目的规律总结。

这样的规律总结，其实到处都能找到，无论是教辅材料还是网络资料，随处可见，而且基本上大同小异。

作者把他的教辅材料翻到离子共存那一页，资料已经很详细了。

于是作者直接挑了二十几道题让他做，做完对答案，不懂的再来问作者。结束之后，再让他把习题分类、总结，最后再让他看教辅上的资料。

这之后，他喜欢上了做离子共存题目，因为总做总对。

所以，通过自己的练习、思考和总结所得出的规律，一定是最深刻的，而且对自己是最有效的，这个过程中再结合别人的总结对比着学习，一定会有更大的收获，如图7-25所示。

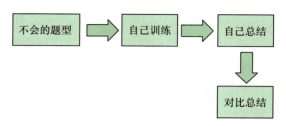

图7-25 掌握题型的流程

《老子》有言:"合抱之木,生于毫末;九层之台,起于累土;千里之行,始于足下。"

这既告诉我们任何一个伟大的成就,都起始于非常微小的开始,但同时要注意,眼前的每一小步都很重要,不要因为远大的目标而看不上微小的、琐碎的努力。

相信自己,努力前行!

第 8 章

反馈：回顾、评价与调整

8.1 心流体验：从学习中获得幸福感

作者从来没有学过画画（小学美术课除外），有一次心血来潮，临摹一本书上的画，画着，画着，它的全貌逐渐地呈现出来了，感觉非常神奇。这个过程，作者全身心投入，并不在意时间的流逝，在不断地修饰细节的过程中，画变得愈加完美。

作者还曾经废寝忘食地练习机械舞，看到自己的技能逐渐提高，表现出来的肢体动作越加漂亮，这种体验超级美妙。

作者打羽毛球也有过这样的体验，作者本身没有很高的技巧，只是和队友一起设定一个小目标：打中100下，不让它掉下来。专注于小目标的实现过程，也让作者感到很快乐。

似乎有秩序感，是一件快乐的事情。又好像有一个目标，而且你在不断地接近这个目标的过程中，会感觉很快乐。

这样的快乐体验，似乎与看到美景、吃到美味有所不同，这是一种持续的、全身心的、沉浸式的快乐，如图8-1所示。

这种体验，按照积极心理学奠基人米哈里·契克森米哈赖的说法就是，最优心理体验，也叫心流体验。

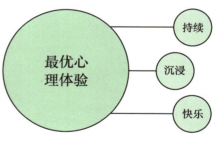

图8-1 最优心理体验的感受

> **小技巧**
>
> 米哈里·契克森米哈赖认为，心流即一个人完全沉浸在某种活动当中，无视其他事物存在的状态。

当作者理解了这种状态，并知道这种状态是如何产生的时候，豁然开朗！那些作者曾经不理解的行为突然完全理解了！

那些苦行僧为什么愿意苦修？那些环保人士为什么愿意风餐露宿？葛朗台又为什么总是一毛不拔？

因为他们完全专注于目标，并且他们认为因此能够产生积极的影响。由此，产生了心流。

苦修的僧人认为世间的美好，是因为他们的诚心祷告。

环保人士认为一草一木的生机，是因为他们的悉心保护。

葛朗台则认为鼓起的钱袋，是因为他的一毛不拔。

让心流更容易产生的一个关键点就是，让产生的影响可见。

比如种菜的菜农，他不仅是想到几个月以后能收获蔬菜，而且在整理土地、插上秧苗的过程中，他会看到菜地逐渐变得规整、有生气、绿苗成长，每一点点的改变都是可见的。

再比如登山爱好者，他可以看到山脚越来越远、山顶越来越近。这是通过他的努力而发生的改变。

相反，刷视频，不需要做出什么努力，也不会产生什么可见的改变或影响。

还有一种改变是认知的改变。比如读书，实际上是有脑力劳动的过程，是一种对自我进行改造的过程，是以今日之青春灼我昨日之青春的涅槃重生。改变不可不谓之大。这是人类所特有的技能，思维上的秩序也变得更加有序。

因为有了目标，我们把所有的资源和注意力都集中在这个方向上，一种秩序自然而然产生，内心因此感到喜悦与安宁。

但是有的心流持续时间很短，原因在于环境的反馈带来了压力。

就像凡·高，他能够在专注于画画中产生心流，但是当他离开了画作，他看到现实的残酷，他无法卖出画，他肚子会饥饿，他在现实生活中是不快乐的。

本质上是因为他的目标与他所处的社会环境并不相容。

再看诗仙李白，他有口饭吃、有杯酒喝就够了。他潇洒、洒脱，不求进士,不谋求符合主流目标,狂放不羁,在倾泻诗意中感受心流。

"从心所欲不逾矩",这是孔子在《论语》中说的话。

他如何做到这一点呢?

作者认为是将自己的目标与环境的目标完美调和。

这就导致满足自己欲望的同时满足了社会环境的要求,当然也就不会逾越规矩。

这是长时间的实践和根据环境作出调整的结果。

在这样的一个状态中,一个人的努力会让他自己始终感到很愉快。

我们在学习中如何达到这样的状态,也就是如何做到快乐地学习呢?从四个角度来进行。如图8-2所示。

(1)设定属于自己的学习目标,你的意愿很重要。

自己乐意,压力是最小的。如果被强迫,则时时刻刻感受压力。

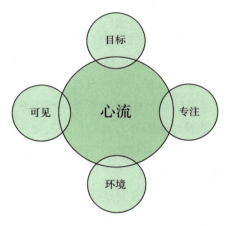

图8-2 学习上达到心流体验的四个角度

(2)专注于你的目标,全身心投入,不受干扰。

想想打游戏突然被人打断是什么感受,一定是不快乐的。所以专注学习,不要被任何事情打扰。还可以自我训练,有的人就在闹市中锻炼自己的专注力。

(3)让你的努力产生的影响可见。

把学习时间或学习成果记录下来,可以是简单地标明你做了这件事,也可以是详细记录你的思考过程。白纸黑字写在你的记录本中。你可以看到这样的记录逐渐地增多、增厚,这就是一种视觉上的体验。

图8-3所示是作者在这一年里面的读书时间的一个记录,看到

这样的记录就让作者感觉很充实。

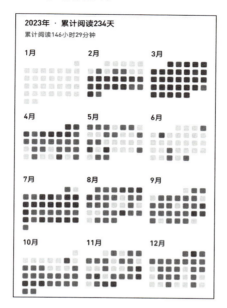

图8-3 作者的读书时间记录

（4）根据环境反馈调整目标。

让自己的目标与环境的目标相协调。不一定完全一致，但有一定关联。否则一旦脱离目标，环境会给予你很大的压力。

玩游戏很容易产生心流，但是离开游戏，压力就会很大。因为大多数情况下，玩游戏的目标并不会被环境目标所认可。家长，老师，以及其他大多数人，都不会认同打游戏会有什么前景。

注意，大目标可以有很高难度，分解出来的子目标则要有挑战性，但不能有太高难度，要循序渐进。因为如果长时间见不到学习成果，会让人很沮丧，心流更无从谈起。

米哈里·契克森米哈赖认为，目标设定应该符合以下的要求：不会太简单，让你产生无聊的感受，也不会太难，让你感受到焦虑。

其实，利用你已有的知识和技能，做出努力，让人生变得美好一点,不就是心流吗?

8.2 定期反馈:计划好时间回顾学习过程

藤蔓植物的生长都是循着阳光而去的,阳光就是它们的目标,但是植物没有眼睛,并不知道怎么才能够快速接触到大量的阳光。它常常会走错路,比如遇到石头挡住了去路,它就要绕开石头。

石头就是对藤蔓植物生长的一种反馈。

如果它往前生长,遇到了一束阳光,就证明,这条路可能是对的,它就会继续往这个方向生长。

这一束阳光也就是一种反馈,如图8-4所示。

图8-4 石头与阳光都是反馈

小技巧

> 反馈分为两种:正反馈和负反馈。正反馈提醒你路径是对的,继续向前。负反馈提醒你路径遇到了问题,需要调整。无论是正反馈还是负反馈,对实现目标而言都是重要的。

所以,我们需要定期反馈来帮助我们实现目标。

如果没有定期的反馈会发生什么？

(1) 始终在努力，却始终失败。

比如你在训练自己写作文，但是你从来不知道该怎么写好作文，只是不断地闭门造车，写完了改，改完了写。没完没了地针对一篇作文"精益求精"，却从来不敢拿出来展现给别人，不敢让人评价。

这样，永远不会进步。

(2) 没有终点，学习就像一个无底洞。

反馈的一个重要作用，就是告诉自己，一个时间节点到了，是一个阶段的学习的结束，也是一次收获。

如果只是在不断地学习，却不知道自己学了什么，会失去成就感，也会失去学习的兴趣。

就好像种庄稼，天天在播种，从来不收获，还有什么乐趣可言呢？

(3) 以为自己很努力，其实还不够。

由于实现目标的过程大多数时候是摸着石头过河，你并不知道你的这一步是迈大了还是迈小了。

迈大了还好说，提前实现了目标。

迈小了，就有可能迟迟无法实现目标。

比如，有位同学认为自己很努力学英语，却没有提高成绩。他的理由是他考试前一周每天晚上都花费两个小时学习英语。

我问他除了这考前一周，平时花费了多少时间呢？他说不记得了。

可以看出来，他认为的努力最重要的就在于那考前一周的努力。而这其实对于他提高成绩的目标是不够的。他的步子其实是迈小了。

反馈是针对目标而进行的。

没有目标的反馈适得其反。

比如植物叶子的目标是阳光，结果有人告诉你前面有水源。如果叶子没有目标，向着水源生长，那么就会淹死。

植物根系的目标是肥料和水源，结果有人告诉你往上走有阳光。如果根系没有目标，朝着阳光生长，那么就会被晒干，如图8-5所示。

所以，根据你的目标来听取反馈。

图8-5　失去目标的植物

假设，你的短期目标是在下次考试之前，化学名次前进10位。那么当你的考试成绩出来，果然进步了10个名次的时候，你就应该意识到，你走的路是对的。

如果这个时候有人告诉你，你的化学成绩不怎么样，没有考进前10名。你就要意识到，这样的反馈不重要。

又或者有人说，你这次的英语怎么没进步，要努力！你也应该要明白，你短期的目标是化学成绩进步10名，你已经做到了。并不是说英语不重要，而是你的目标更重要。

反馈时间要合适，不需要太频繁，也不应该太长时间。

太过频繁，你还没有足够多的时间努力，还没有形成效果，就开始总结和回顾，就会产生过度总结。

比如，你努力一天学习数学，第二天自我测试，没有进步，就觉得自己的努力白费了。

怎么可能在一天之内就学好数学呢？然而，其实有相当多的同学都是这样。每一个临时抱佛脚的同学都是如此。成绩好了，觉得临时抱佛脚是很好的方法。成绩差了，就觉得努力没有意义。这当然是不对的。

另一种情况是，太长时间进行一次反馈，结果就跟没有反馈一样，中间走了太多冤枉路。

太过频繁的反馈和太长时间再反馈，本质上都是没有设定好目标的原因，如图8-6所示。

我们需要一个较为长期的大目标，还需要把目标分解为具体的、短时间的子目标。

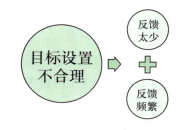

图8-6　目标设置不合理导致反馈不合理

同时，根据子目标的时间来设定反馈时间。

比如，你的目标是，在4个月后的物理考试成绩提高20分。

而你的子目标分成了四步。

第一步，第一个月提高10分。

第二步，第二个月再提高8分。

第三步，第三个月再提高2分。

第四步，第四个月稳定住成绩。

这样的目标就很清晰，也很容易设定反馈时间。你可以在每个月对自己的成绩是否有提高做一次测试，而不是等到4个月后再测试。

合适的反馈，能大大提高实现目标的效率。

有一位同学，刚上高中非常努力，想要在期中考试中把成绩排名提高到"打破初中的纪录"。

但是，努力了一段时间，他还是有一点迷茫。他来找作者，他说他有点怀疑自己能打破初中的成绩纪录，因为他觉得自己的努力程度跟初中没什么区别。

作者问了他两个学习问题，他都理解得挺好。随后，作者给了他两道中等难度的题目，结果用时很长，正确率很低。

作者告诉他，需要做习题训练。

只是这么一个简单的反馈，他说他突然意识到自己一直以来的问题，就是把习题训练看得太轻。

后来他作出调整，花了大量时间来做题，结果第一次月考成绩就超过了初中的成绩。

有一位新同事刚入职一段时间，就开始吐槽当老师非常累，每天备课备到很晚，睡眠严重不足。

作者问他晚上几点钟睡觉。

他说要一点之后，每天晚上九点多下班回家，然后洗漱一下，就十点多了。再玩一下手机到十一二点钟，再备课到一点多钟，然后再睡觉。

作者提醒他作息时间可以调整一下，用早上的时间来备课，也许更好。

他对作者的反馈，开始不以为意，他说早上起来是最难受的，最讨厌早起了。但是没过一段时间，他就跟作者讲，早上备课可真舒服。他晚上砍去了刷手机的时间，提早入睡，第二天大早上起来神清气爽，备课变得非常有效率。

西蒙对反馈是非常重视的，他认为人是对环境刺激产生反应的机体。实现目标的过程中，这样的环境刺激能够告诉实现者该如何调整路径。

西蒙自己也十分乐衷于与环境产生反应。他在学术研究当中经常跟老师、同事，以及不同领域的科学家讨论他的研究，遇到反对意见也经常进行激烈的争论。但他从来不傲慢，旁人认为他是一个十足的谦虚者。

8.3　评价标准：谁来制定标准，谁来评价

学习究竟要到什么样的程度？学得好还是不好？

这样的评价标准，不是由老师制定，也不是由家长制定，应该由自己确定。而且应该在制订学习目标的时候就确定下来。

小技巧

如果没有自己制定标准的这一环,你学得再好,都是满足别人的需求,学得再差,也是别人觉得差。考 50 分就是差了吗?考 90 分就是好了吗?不一定。

有一位家长,很着急地找到作者,说他的孩子化学期中考试考了 50 分(满分 70 分),问作者该怎么办。

如果是学生自己问这个问题,说明学生对这个成绩不满意,有更高的目标,作者可以直接给他一些建议。

而如果家长来问,就不一定了。

作者问他是进步了还是退步了。

他说进步了一点。

作者就直接告诉他,那就夸奖好了呀!

有的学生对自己有比较清晰的认识,知道目标在哪里。正在稳步推进的过程中,突然被家长搅一下局,反而让他们自我怀疑了。

有时候为了实现目标,临时性地后退也是可以的。

比如,要想提高你的薄弱学科化学成绩,你可能需要借用强势学科英语的学习时间来学习化学。那么,结果可能是英语成绩下落,但你知道这是暂时的。

等到你的化学成绩提高到一定程度时,你可以迅速把英语成绩提上去,然后总体成绩也提高了。

西蒙用了一个很好的比喻来描述这种情况,就是玩魔方。为了实现魔方的六个面都各自统一颜色,就可能需要先打破某一个面的颜色,以退为进。

如果这个过程中,有人对你的评价是,不应该让英语成绩下落。

你就要知道，这不是你制定的评价标准。

你的评价标准是，允许英语成绩下落，先把化学成绩提高。

所以，制定评价标准应该由你自己进行。

评价标准主要包括四项内容，如图8-7所示。

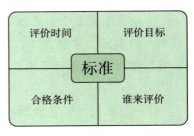

图8-7 四项评价内容

（1）什么时间评价。

一周之后，还是一个月之后，又或者一年之后？

时间未到的评价可能就没那么重要。

比如你要提高作文成绩，想要在3个月后实现作文成绩提高20分。

第一个月，你在背论据。

第二个月，你在背范文。

第三个月，你才进行写作文训练。

可能第一个月和第二个月看不出作文成绩的进步，因为没有直接应用在写作文上，如果这个时候按照成绩来评价，可能就不起作用。

第三个月，经过实战训练，结束之后，再来评价是比较合适的。

（2）针对哪个目标进行评价。

比如，你的目标是提高化学成绩，那么就应该针对化学，而不是英语。

比如，你的目标是提高作文成绩，那么就应该针对作文，而不是语文。

搞清楚究竟针对哪个目标进行评价，这样的评价才有意义。

（3）合格的条件。

达到什么程度才算合格，标准越具体越好评价，越不具体越不好评价。

比如化学成绩超过 60% 的同学才算达到合格。

找到作文长期处于高分的 10 位同学，他们对你的作文好评率达到 80%，才算合格。

这两个评价标准，都是比较具体的，有明确的数字。

如果是"化学成绩提高"或者"作文成绩提高"，这样的合格标准就相对比较模糊，不容易评价。

（4）谁来评价。

这是一个很重要的问题。

我们首先要明白评价的根本目的是为下一步怎么走提供依据。

所以，评价的人不仅是对你的努力打个分数而已，还要能够从不同角度给出有价值的建议，帮助你看到自己的长处和不足之处。

评价的人可以是三种人，如图 8-8 所示。

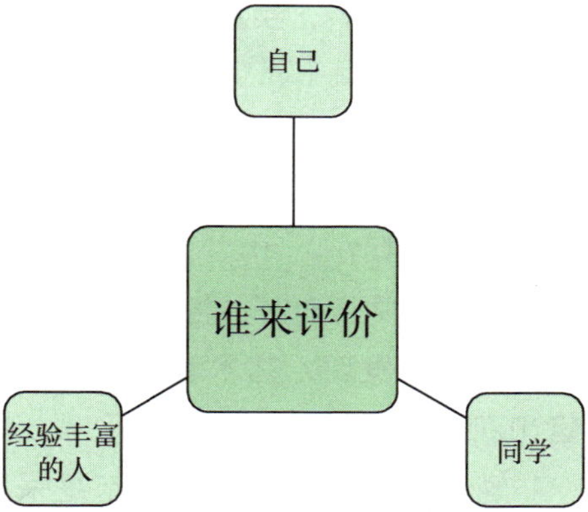

图8-8 谁来评价

首先，评价人可以是自己。

有研究人员做过这样的研究，让一部分同学对自己的作业和学习任务进行打分，另一部分同学只让别人对他的作业和学习任务进行打分，前者的后续表现比后者要更好。

研究人员认为，这是因为给自己打分的过程中对自己的学习任务理解更加深刻，从而能够知道自己下一步该怎么做。

其次，评价人可以是经验丰富的人。

注意了，评价标准要自己设定，并不意味着一定要自己评价。

经验丰富的人比我们自己可能更了解我们自己。

所以，你会发现，围棋冠军需要教练，一流乒乓球手同样需要教练，足球明星还是离不开教练。

教练一定比这些选手厉害吗？不一定，但是他们能作出更全面的评价，并且能够帮助选手调整他们的训练计划。

这样的教练经验越丰富越好。

对我们实现学习目标的评价，同样经验越丰富对我们越有利。

你可以把你的努力过程与测评标准告诉这些人，让他们帮你作出评估。

你身边最有经验的人是谁呢？大部分是老师，还有可能是学习水平较高的家长，当然也可能是学习能力很强的同学。

最后，评价人可以是同学。

找那些跟你目标相一致，同样在努力的同学，或者直接找那些成绩相对比较好的同学帮助你做评价。

为什么呢？

因为同学更有开放性，更能理解你的处境和要面对的困难。

有研究发现，艺术家评估同行的表演，他们评估的准确率是主管和观众的两倍。

同样地，科学界的研究都是采用同行评议的方式，评价研究论文是否合格，以及如何修改。只有同行才能够真切地感受到他们的研究排除了多少困难、想法有多大胆、实验设计有多精妙。

但是要注意，不要找那些从来不学习的同学给你评价，也许他们对答案都未必对得清楚，又如何给你更多的建议呢。

无论哪一位评价人，他们都是帮助你从更全面的角度认识自己，增加你的理性，让你知道下一步该怎么做。也就是说，收集这些评价之后，该做决定的依然是你自己，而不是别人。

8.4　善待批评：从符合目标的批评中获益

大概率没有人喜欢被批评。作者也不喜欢，作者希望自己做的事情总是对的。但是作者却有这样的经历,作者因为被人批评而有过进步。

因此作者总是善待批评以及批评作者的人。

人为什么不喜欢被批评?

因为当被批评的时候,大多数人的大脑第一反应是对抗,脑干顶部的"边缘系统"产生激动的情绪,大脑中的血液往这块区域汇集。这也就导致,大脑中控制理智的前额叶缺乏血液,从而丧失功能,如图8-9所示。

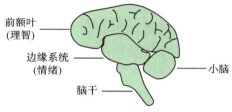

图8-9 大脑的前额叶与边缘系统

但是有人愿意接受批评、善待批评。比如唐太宗李世民重用直谏的**魏征**。

魏征原是李世民哥哥的部下,属于争夺皇位的敌对阵营。但是李世民成功当上皇帝后却重用他,原因就在于**魏征**很有远见,为人直率,对李世民的批评不留情面,直击要害,常常带给李世民未曾有过的思考。

> 像李世民这一类人一定是经历过从批评中获益的人,他们知道批评的价值。所以,他们越重视批评,越知道自己的局限,越能从批评者的反馈中拓展自己的理性,从而帮助自己达到目标。

作者当老师以后,也批评过学生。但是,这样的批评是需要花费很多精力和时间的。作者经常思索很久,除了要提出学生行为不足的地方,还需要尽可能想出有没有好的行动方案作为建议给他们,还得想出好的表达方式。

作者深知一些表达方式可能会伤到他们的自尊心。

但是有的时候,即使尽可能表达得委婉,却收效甚微。原因之一就在于,他们的自我意识太过强烈,不愿意接受哪怕一点点的批评,甚至建议也可能被当作对他们的指责。作者并不想如此。

提出批评的人很多是善意的,是从旁观者的角度,或者从自身经验的角度,给予你观看全局状况的绝佳机会。

正所谓"当局者迷,旁观者清"。

不可否认,有的人的批评是非善意的,带着嘲笑、讽刺、指责,甚至推卸责任的目的。

也有的批评并不客观,提出批评的人必然受自己的经验所局限。

还有一种批评则是,以他们的目的来计划你的行为,一旦你脱离了他们预定的轨道就会给你当头棒喝。而他们的目标和计划很可能并不是你的目标和计划。

我们该如何面对这些批评呢?有以下四点,如图8-10所示。

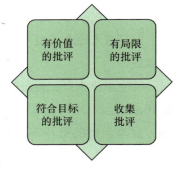

图8-10 面对批评

(1)对你而言,所有有价值的批评都意味着可能帮助你改正错误。

不能改正错误的批评,无非是愚蠢的言论,或者是不怀好意的嘲讽,不值得我们花费时间去考虑。

这类批评包括对他人身高、外貌、嗓音、家庭背景等的品头论足。

人类与动物最大的区别是人类可以改变的东西,包括认知、品德、意志力、感情等。

所以,人无须关注固有本质。我们需要关注的是人能够变化的一面。我们可以不断进步，也可能不断退步。

所以，你也要记住，外界所有有价值的，针对你行为的批评，都仅仅是针对行为，而不是你这个人的固有本质。

（2）每个人都有局限，批评者也不例外，包括比你年长的人。

我们完全可以原谅这种局限。只要他们没有时时刻刻在你身边念叨，礼貌回应即可。

如果不堪其扰，则大胆说出你的真实想法，心平气和地拿出论据和论点来，也让对方知道你的深思熟虑。

注意，收集论据和论点也是一次对自己行为的剖析，这个过程能够帮助你更深刻地认识自己的行为是否正确。

到这里为止，你都是在努力善待对方的好意，这也是为你自己拓展局限而铺路。

如果他们还是执意希望你认同他们局限性的看法。那么，你只要说一句："我感受到严重的怀疑和不尊重"，他们大概率是不会再打扰你的。

记住，不用气急败坏，你越气急败坏，他们越会觉得你意气用事。你要极度冷静、极度平和。理性和自尊是别人尊重你的根本原因。

（3）当批评者与你的目标不相一致时，不需要强行附和对方的目标。

你自己的目标是你的定心丸，没有目标，别人的批评就会让你自乱阵脚。

比如，你的目标是这个时间段学习语文。结果有个人跑过来告诉你，语文有什么好学的，重要的是学好数学，数学才是提分的关键。

那么你有学习语文的目标，你就不会轻易地按他说的去做。如果没有这个目标，你可能就真的去学数学了。

目标是你面对批评的最有用的评价标准。

好的批评可以让你更容易接近目标，你应该认真对待这样的批评和提出这种批评的人。

不符合目标的批评,你需要以礼相待,说不定下次的批评能够有价值呢。

(4)有的人很愿意去收集对自己的批评。

比如某品牌手机公司,它的文化核心就是为粉丝服务。它的员工长期在论坛和社区听取大家的批评和建议,并真正作出了改变。也正是因为这样的努力,让它的公司成为最大的手机公司之一。

要知道,大部分商家面对批评,几乎没有真正作出改变的,因为牵一发而动全身,所以它们宁愿回怼客户或者假意听从。

所以,接受符合目标的批评,确实需要付出很大的努力,但其实是值得的。

8.5 学习模型:总结优秀的学习方式

作者总忘记给孩子吃维生素D,即使规定了时间也总是忘记。然后,作者定了闹钟,情况好了很多。

但有时候,闹钟响了,却有其他重要的事情,一耽误又忘了。

后来,作者老婆想到了一个非常简单又非常有效果的方法,就是"起床就吃维生素D"。有了这个办法,不需要记忆,不需要闹钟,却没有再忘记吃维生素D。

方法好像很简单,但是似乎蕴含一个深刻道理,细细思考,就会发现,这个方法中含有两个部分。

(1)起床,这是一件每天必做的事情。

(2)吃维生素,这是一件要做但是未必会做的事情。

把未必会做的事情与必定会做的事情联系在一起,形成习惯,那么未必做的事情就变成必定会做的事情。

把这段话再抽象概括一下,用字母 a 表示未必会做的事情,字母 b 表示必定会做的事情。

那么把a跟b关联在一起,因为b会必然出现,那么a也必然会出现。

于是得到一个公式,如图8-11所示。

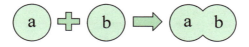

图8-11　关联a事件与b事件

这也就形成了一个行为模型。

这个模型还可以应用到学习上。

作者在放假期间总是不想学习,怎么办呢?

作者是不是可以把学习这件事情跟一件必然会做的事情固定到一起?

作者可以安排在起床的第一时间看数学书,或者在吃完午饭的时候看语文书,或者在上厕所的时候背单词。

经历以上的过程,我们会发现,不仅仅是吃维生素这件事情,学习上的事情,还有生活中的其他事情,都可以套用这种模型来帮助我们,把那些容易忘记的事情变得更容易完成。

> 💡 小技巧
>
> 我们可以把以前学习过程中有效的学习方法分解成具体的步骤,形成一个模型固定下来。不仅可以应用在原有的学习上,还可以迁移到其他学习上。

有的人说自己没有好的学习方法。

然而,只要你经历过学习过程,一定会有好的学习方法,只不过可能你没有总结。也正是因为你没有总结,很多好的学习方法便随时间而流逝。

内隐学习原理告诉我们,我们很多时候并不知道我们学会了一些知识。同样地,我们很多时候也不知道自己拥有学习方法。

只要认真观察,不仅仅是学习,生活中的其他事情,也能找到跟学习有关的行事方法。建立学习模型主要经历四个步骤,如图8-12所示。

图8-12 建立学习模型

第一步,根据你的观察,提出学习方法假设。

这一步,只是提出猜想,可能某个学习方法能够帮助你学习,因为并不一定有用,需要通过实践来验证。

第二步,分析这个方法,形成模型。

从以下三个角度进行。

① 将这个方法拆解出核心的几个步骤,从而深刻理解这个方法,也使这个方法可行。

② 用一个公式表示这个方法,使这个方法容易迁移。

③ 用一个词语或短语概括这个方法。可以很有趣,比如"天底下最好的学习方法",使这个方法容易记住,也容易提取。

其中拆解出核心的几个步骤,是形成模型的关键。

当然,如果你觉得第一步的假设已经包含核心步骤,也可以直接进行第三步。

第三步,实践这个模型。

有一本书叫《极简学习法》,上面提到了一个三三法则,就是一个知识，至少用三次，并做到举一反三，才能真正内化成自己的知识。

作者认为这样的方法很有用，虽然书中没有明确为什么是至少三次，而不是四次、五次？但这不重要，重要的是使用三次之后印象确实更加深刻。

那么，当我们建立一个模型之后，就应该尝试至少再使用这样的模型三次，并且尝试将模型迁移到其他场景使用。就好像这一节开篇所讲的，将"起床就吃维生素 D"应用到学习中。这也是很好的迁移能力训练。

第四步，形成习惯和调整。

实践之后，如果是有效的，就再多次使用，使之形成习惯。

如果还可以优化，则在调整后继续实践。

如果没有任何效果，甚至妨碍学习，则可以选择放弃。

可能很多同学还是觉得不好操作，那么作者举个例子，大家可能会清晰一点。

作者在高三复习生物的时候，无意中发现了一种方法：看完一段内容，盖上书，在大脑里完整地复述，再翻开书对照刚才的复述进行修正。

这样可以很快地把那些不被看重的、错漏的知识点学得很深刻。

作者把这个方法简单地总结成一个模型：复述学习模型。

后来作者在大学自学《普通生物学原理》时，继续采用类似的方法。

但是为了加快速度，不再是看完一段内容后复述，而是在看完整章的内容之后，再在空白处写下整章的内容。

这时候作者不再谋求一字不差，而是自由回忆书写，想到什么写什么，写完再对照书本进行补充。

这使作者很高效且深刻地学完了这本书。

这个时候作者把这个模型总结为：自由回忆学习模型。

当作者成为化学老师之后，学习化学知识时，继续使用类似方法。

但是，作者更进一步，多次从不同角度进行自由回忆书写，且把书写的内容进行分类整理。这让作者不仅深刻理解了相关的化学知识，而且形成了系统的知识结构，对作者之后的化学教学帮助非常大。

于是，最终形成了终极模型：多角度回忆学习模型，如图8-13所示。

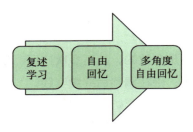

图8-13　多角度自由回忆学习模型逐步建立过程

上述模型的形成开始是无意识、没有指导的（内隐学习），后来通过自我观察、分解、调整，形成了伴随作者至今的有效学习模型。

本书的主角——西蒙也很喜欢建立模型。他的很多著作也有"模型"一词，比如《人的模型》《思想的模型》《发现的模型》《有限理性的模型》，以及他的自传《我生命的模型》。

我们既可以自己创建模型，当然也可以使用别人创建的模型。使用别人创建的模型，同样需要通过实践、调整和形成习惯的步骤，才能内化成自己的模型。

8.6　支持系统：利用环境调整自己的行为

突然有一天，因为某些原因，你不想学习，就想躺平了。

这个时候，有个同学拉着你去图书馆。在图书的海洋里，你就是单纯地坐着，不想学习的心态也有了一丝变化。

另一个同学，跑过来跟你分享他今天的最新发现"原来知了是靠吸食树汁获取营养"，问你要不要一起来观察他盆栽上的知了。

再有一个同学，在你创建的学习群中，分享了好几个非常巧妙的数学解题方法，你们群里的《妙题辑》，又多了几个好题。

然后，语文老师问你，要不要参加晚上的一个文学聚会，有好几位同学准备分享他们的诗作和散文，还有零食和饮料。

你破防了，在学习的世界里，你并没有走远。他们都总是陪着你。

小技巧

在一个热爱学习的环境里，学习并不是一件枯燥、困难的事情，而是一件容易进行且妙趣横生的事情，无论空间、工具或同伴都在支持你在学习的这条道路上远行，如图8-14所示。

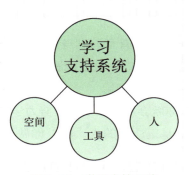

图8-14 学习支持系统

孟母三迁就是这个道理。

孟子的母亲很看重教育，起初他们的居所在墓地旁边，孟子学会了一些祭拜的事情。

孟母认为这样不行，于是将家搬到城里一个集市旁边，结果孟子学会了一些买卖的事情。

孟母觉得还是不行，于是将家搬到了学堂边上，一段时间后，孟子学会了很多知识和礼仪。

有一个很有意思的研究发现，两个人在一起学习的效果要比单独一个人学习的效果好，而与学习好的人一起学习，则学习效果最好。

但是，如果学习环境不好怎么办呢？

我们要知道一个道理，每一个人都有主观能动性，我们每个人都有能力改造环境，只要愿意，我们一定能够让环境变好，哪怕只有一点点改变。改造环境主要有四个步骤，如图8-15所示。

图8-15 改造学习环境

第一步，让自己成为好学的人、努力的人。

作者有一个发现，作者当老师之前，并没有意识到身边竟然有那么多老师，当老师之后，总能遇到老师。跟这些老师的交流，总能让作者受益匪浅。

作者有孩子之前，并没有意识到身边有那么多的孩子，当作者有了孩子之后，带着孩子出门，处处能看到小孩。孩子们有了玩伴，家长之间也能常常交流育儿经验。

只要努力学习，你就会发现很多正在努力学习的人。如果天天玩游戏，则身边到处都是玩游戏的人。所以你做什么，环境似乎就会跟你匹配什么。

第二步，营造良性的学习团体。

接触努力学习的同学，不仅仅是学习好的同学，主动向他们提供帮助。

有同学提出疑问了，为啥向他们提供帮助，不是应该让他们来帮助我吗？

我们习惯性从身边的人身上获取好处，包括学习上的好处，但并不容易。别人愿意帮你一次、两次，但并不愿意帮你更多次。因为帮助他人意味着要损失自己的学习时间和休息时间。

而真正良性的学习团体，则是相互帮助的。只有你愿意贡献自己的力量，别人才愿意帮助你。

那么该如何帮助别人呢？如果我自己学习成绩不好该怎么办。

提供几个例子帮助大家打开思路。

① 协助背诵。对方背书，你拿着书帮对方纠正，这个很简单吧。

② 帮忙改卷子。答完练习卷，你帮助对方批改卷子、打成绩。

③ 把你获得的优质学习方法分享给有需要的同学。比如这本书中你觉得有用的方法。

④ 把你强势的某一学科的学习经验或者学习笔记，分享给这一科成绩弱的同学。

⑤ 针对某一专题，自己学透，然后把你的经验分享给同学。这一点完全是自己创造优势来帮助别人，如图8-16所示。

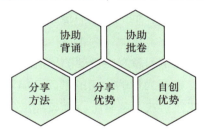

图8-16　帮助别人也就是帮助自己

总之，只要你肯想、肯努力，总能够给别人提供帮助。

要注意的是，远离那些习惯性嘲讽、讥笑的同学，以及言行总是很消极的同学。你无论做什么，他们都会打击你。

还要避开那些贪得无厌的同学，以及那些想要作弊的同学。

作出你的贡献，你自然而然在有需要的时候获得帮助。切不可，在你需要帮助的时候，才去帮助别人，那样功利心太强，并不利于建立互助团体。

第三步，搞定老师。

老师是学习的宝库，特别是经验丰富的老师。

但是老师是完全无私的吗？老师会无限次帮助你吗？

很明显，不会，很多同学都不愿意去问老师问题。一个原因是压迫感太强，另一个原因就是老师也会有情绪，也需要休息，也是个人。

怎么办？想一想老师最需要什么？成就感！

当老师教给你一个学习方法，你把这个方法运用到学习中并取得了很好的学习效果。如果此时你很开心地发一条长长的消息，告诉老师你的学习经历，并感谢他。他一定很乐意下次再帮助你。

不仅仅是学习方法，还有教你如何解题，教你如何面对生活中的问题，或者仅仅是对你的关心让你很暖心，你都可以表达你的感激之情。很多同学把这样的情谊藏在心底，但是老师又如何感知得到呢？

当你愿意表达这样的感激（注意不是拍马屁），更重要的是让老师看到你因为他们而进步，他们会很有成就感，也更加愿意帮助你。

第四步，为学习准备工具。

你如何花零花钱是学习意愿很重要的体现。你每买一本书，每为学习准备一份工具，都是为你的优质的学习环境添砖加瓦。

相反，把钱都花在游戏、零食上，则可能没什么价值。

没有零花钱的同学又如何呢？

首先，我们要知道，人的智力活动，需要的经济条件是极少的。只要有书、笔、纸和能够生活的基本条件，就能够进行智力活动。

也就是说，我们所遇到的困难大多数不是困难，我们的学习是完全可以在大多数环境下进行的。

有零花钱用在学习上是很棒的添砖加瓦，没有零花钱，同样不存在难以克服的困难。

有一种说法是"差生文具多"，作者不认同，作者认为的是，在什么样的环境下，我们都能够也应该茁壮成长！

8.7 避免内耗:接受结果,勇往直前

作者在学习写作时,学到了一个技能,就是:例子再好,如果不合适,就删掉。学习也是这样,方法,习惯,计划,目标,不合适就改。

比如作者在制作化学课程的时候,开始不喜欢用 PPT 讲课,因为学校里面都是用 PPT,感觉都是一个模板,很没有新意,很刻板,作者不想做这样的课程。

所以作者选择用手写的方式来上课,但是用久了手写就会发现局限性非常大。

首先作者写的字不好看,学生可能也看不懂。其次很费时间,效率低下。更重要的是,好的想法在书写的过程当中会忘掉,一时写不出来。

那怎么办?果断调整方式,重新启用 PPT,并且用心打磨,多次录制,这样既能保证前后逻辑清晰、完整性高,还能让课程生动且效率高。

1953—1954 年,英国哈维兰彗星 I 型客机发生三次空难,该型号飞机在空中解体,无人生还。紧接着该型号飞机被禁飞,但是因为没能找到原因,不久后禁飞令被取消。

然而,复飞仅两周后,该型号一架飞机再次坠毁。后来经过两年的调查,才知道真正的原因是:方形机窗和金属疲劳。

这个故事告诉我们什么?

> 💡 **小技巧**
>
> 当结果很不好时,不要留恋,马上作出调整,重新开始!如果依旧保持原来的状态,很可能会更惨。

如果考试成绩非常糟糕,退步很厉害,而且完全在计划之

外，又或者每次考试都很糟糕，退无可退了，这个时候想要进步怎么办？

有时候你根本不知道错在哪里，有可能都是错的！

那就要重塑自己，从生活习惯到学习习惯，整体调整。深刻的变革，才能有真的改观，不要再留恋以前的错误。只停留在想象出来的好成绩，那是不可能的，如图8-17所示。

还有一些同学始终沉浸在失败的状态中，自我怀疑，内耗严重。这都是不对的。当你不想要糟糕的结果时，就一定要作出改变。

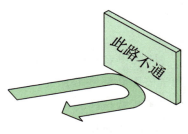

图8-17　勇于改变

西蒙学习法告诉我们，在朝着目标前进的过程中，很多时候不是一帆风顺的，很多方案可能是走不通的，需要重新作出选择，重新开始。

我们不要被之前的经历束缚自己，画地为牢，裹足不前。

西湖大学校长施一公在演讲时说过，他的一个学生叫柴继杰，之前从事造纸工作，四年后，考取北京石油化工科学研究院的硕士，后来到北京协和医科大学读博士，再后来出国到普林斯顿跟着施一公做博士后。

当时他的年龄比施一公还大1岁，施一公发现他基础非常差，但是他敢于突破自己的局限，肯努力，正是因为这样的优点，施一公才收他当博士后。

后来的情况是，柴继杰成为知名的生物科学家，他的5项研究成果入选2021年国际公认的植物抗病领域30年重大发现。

柴继杰这样的人物，不受以前工作经历的束缚，不内耗，敢于挑战自己，肯努力，才成就了他自己。

很多同学局限于自己曾经的成绩，或者局限于自己的家庭出身，或者局限于自己的学校，或者局限于自己所在的班级，给自己画地为牢，"我都这样了，还能怎样呢？"，如图8-18所示。

其实人与人的区别没有那么大，人都可以通过努力而改变自己，很多时候，困难只不过是我们自己想象出来的，与其内耗，深陷于过去的成绩，不如松开包袱，勇往直前。

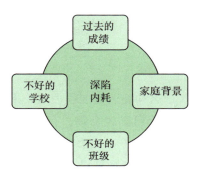

图8-18 常见的画地为牢

作者身边也有很多这样不被以前的过往定义的人。

比如作者上大学的时候，遇到一位来做讲座的老师，他以前是做护林工作的，30多岁开始发愤图强，在生态学领域持续努力。现在已经是国外知名大学的生态学教授。

作者遇到一位学生，因为家庭原因，从小被老师定义为"差生"，成绩倒数。中考没考好，没考上高中。但是上了职校以后开始意识到应该改变，于是开始努力。别人都在玩，他在学习，作息跟初中一样，有时间就去图书馆，次次考试第一名。

后来顺利考上大专，大专持续努力，依然次次考试第一名，现在已经顺利毕业，全力备考本科。

最近有一个新闻，一位70多岁的书法老师，用了很多心血写了一篇3万多字的微楷，字小如蝇，密密麻麻，老先生视若珍宝。

在一次展览的过程中，这篇微楷被一游客不小心弄破，游客态度很不友好，其他游客和网友都很气愤。然而，这位老先生接受采访时说了这样一句话："顺其自然，有个好的身体，有个好的心情，胜过一切。"

这位老先生豁达的观念对作者很有启发，有时候我们对过去的努力太过执着，努力了一定要有好的结果，一旦结果不好就很难接受，这种观念只会让结果变得更差。

我们应该转变观念，过去的努力是过去的我，现在的我应该在新的起点，向着新的方向出发。过去的好与坏，可以看作前人给我们铺的路，如图8-19所示。

图8-19 最重要的是现在和未来

这种豁达有时候很难一下子建立起来,作者有一个有效的方法,就是给自己放个假,有一个小阶段的调整,让大脑从过去的努力中释放出来,不去思考这件事。休养生息一段时间后会发现,一切都恢复了,失败并没有那么难受。

8.8 360度思维:敢于解放思维

有一个卖服装的网店,店主个子不高,刚开始就卖小个子服装,因为她非常了解这样的群体希望穿什么样的衣服。店铺做得越来越好。

这个时候有人告诉她有了资本、有了经验,不要再局限在小个子领域,服装有更广阔的天空去发展。她很认同,于是投入时间和金钱去发展新的领域。

但是这之后,业绩越来越差,而且不论怎么调整都无法改善,以至差点倒闭。

终于某一天,她回过头来细想,原来,她被所谓的"广阔的天空"给束缚了思想。

她应该做的是,深耕自己的领域,建立壁垒。而不是到这所谓的广阔天空处处碰壁,头破血流。

回到原来的领域,她如鱼得水,网店做得越来越好。

作者以前不喜欢数学,也不愿意花时间在学习数学上,这导致作者数学成绩举步维艰,总是徘徊在100分到110分之间。

后来有一次,作者考了不及格,这对作者的打击非常大,之前就算再差也没有考过不及格。作者痛改前非,重新开始学习数学,特别是周末花了大量时间学习数学。

神奇的是，作者竟然慢慢喜欢上了数学。数学在几条公理的基础上竟然能演化出那么多精妙绝伦的数学定理、推论来，而且应用之广泛远非作者当初的想象。作者对数学的态度来了180度的转弯！如图8-20所示。

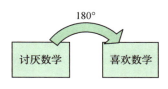

图8-20　从讨厌到喜欢

作者对习题的态度也同样有类似的经历。

由于受到一些文章、媒体的影响，作者开始坚持认为题海战术是错误的，是有很大问题的。

后来，作者看了一部电视剧叫《龙樱》，没想到填鸭式教育也能如此热血沸腾！作者对题海战术有了一点改观。

再后来，作者在成绩低落的时候，尝试了题海战术，成绩一路高歌，作者才发现原来题海战术确有妙用！

当作者成为老师之后，作者才进一步发现，盲目的题海战术，局限性非常大，有技巧的循序渐进的题海战术，才有更好的效果。

对于"题海战术"，作者的态度，远不止180度转弯那么简单，也许已经转了360度的弯，如图8-21所示。

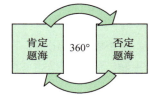

图8-21　360度的思维转变

> 小技巧
>
> 在学习中我们要敢于解放思维，不要把预设的观念认为是绝对的真理，实践才是检验真理的唯一标准。

佛家讲参禅有三个境界。

"见山是山，见水是水"，这是参禅之初。

"见山不是山，见水不是水"，这是参禅有所领悟。

"见山还是山,见水还是水",这是参禅彻悟。

这跟解放思维似乎是一个道理,但其实并不同。如果没有经历实践,只是单纯地在那里参禅思考,想出来的观念依然是虚无缥缈的。

真正有价值的思想观念,一定是经过实践检验的观念。

西蒙在学校所学习的经济学是传统经济学,他起初也自然认同其中的观点,资金分配应该遵从效益最大化。

但是当他第一次参加科学研究时,他研究一个娱乐项目的资金分配情况,就发现,人们在做决策时,并没有也无法实现资金分配效益最大化。

他感到非常意外。但是很快,他没有沉浸在这样的意外中,而是提出了新的研究方向:"在经济学家的全局理性的条件不满足(甚至是满足)的情况下,人们如何决策?"

也就是说,他调转方向,把传统经济学知识颠覆了。

可以看出来,西蒙是一个十足的实证主义者。所谓实证主义,就是以观察和实验为基础来发现知识和研究假设。

看到这里,你有没有发现什么?有没有感觉很眼熟?

这不就是,化学、物理、生物等学科中一直都在强调的实验探究的步骤,也是科学研究的步骤,如图 8-22 所示。

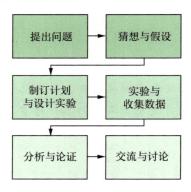

图8-22 科学研究的步骤

我们在实现目标的过程中，如何将目标分解成子目标，如何实现子目标，采用哪些方法和策略，不是都可以采取上面的思路吗？

我们其实就是在做实验探究！

当实验结果理想，说明我们的方案就是合理的。

如果不理想，我们就应该大胆地调整计划，或者更换猜想与假设。

也就是说，根据实践的结果，大胆地调整子目标、调整学习策略和方法。既不要被原有的"不要这样做"的观念所局限，也不要被"一定要这么做"的观念所束缚。

可以做什么、不可以做什么，都应该在实践中得到确证。

作者遇到很多学生上课想睡觉的问题，作者开始认为，睡觉是可耻的，作者尽最大努力用一些有趣的方式唤起他们的注意力，同时让他们强打起精神听课。

但是作者无论多么努力，都发现依然有很多同学撑不住。

于是，作者大胆地调整思维，让那些特别困的学生睡觉！睡醒了再来找作者学。

这样处理之后，学生不仅很乐意这样做，而且睡醒后学习效率高了很多。

有的同学课后没时间的，作者就让他们提早来，先睡一觉，再来上课。

所以，新的想法还需要一点创意、需要一点冒险，有时候反向思维也是不错的选择。

当然，如果实验验证的结果不尽如人意，需要你回到原来的方法上，也应该敢于回去。